휴식의 철학

POWER THROUGH REPOSE

휴식의 철학

우리의 몸과 마음을 다스리는
삶의 법칙

애니 페이슨 콜 지음 | 김지은 옮김

책읽는귀족

디오니소스
프로젝트

책읽는귀족은
『휴식의 철학』을
열여덟 번째 주자로 '디오니소스 프로젝트'를 이어간다.
'디오니소스'는 니체에게 이성의 상징인
아폴론적인 것과 대척되는 감성을 상징한다.
'디오니소스 프로젝트'는 고대 그리스 신화에서는
축제의 신이기도 한 디오니소스의 특성을
상징적으로 담아내려는 시도로,
우리의 창조적 정신을 자극하는 책들을 중심으로
디오니소스적 세계관에 의한, 디오니소스적 앎을 향한
출판의 축제를 한 판 벌이고자 한다.
니체는 디오니소스를 통해
세상을 해방시키는 축제에 경탄을 쏟았고,
고정관념의 틀을 깨뜨릴 수 있는 존재로
디오니소스를 상징화했다.
자기 해체를 통해 스스로를 극복하는 존재의 상징이기도 한
디오니소스는 마치 헤르만 헤세의
"새는 알에서 나오려고 발버둥 친다. 알은 새의 세계다.
태어나려고 하는 자는 하나의 세계를 파괴해야 한다"는
의미와 맞닿아 있다.
이제 여러분을 '디오니소스의 서재'로 초대한다.

몸과 정신, 그리고 휴식에 대한
삶의 원리를 찾아서

　요즘 우리 사회에는 '몸'에 대한 관심이 뜨겁다. 얼마 전부터 유행처럼 번진 '몸짱' 그리고 헬스 열풍 때문이다. 이 몸에 관한 관심은 여전히 현재 진행형이다. 그런데 이 '몸짱'을 만들기 위해 계속 자신의 몸에 관심을 가지고 운동을 지속하는 건 결코 쉬운 일이 아니다.

　한편, 나이가 들면 '몸짱'과는 상관없이 '건강'에 대한 관심도 늘어난다. 몸에 좋은 것이라면 어떤 거든 마다하지 않을 기세다. 역시 우리 사회에 부는 건강 열풍이다. 이 또한 몸과 관련된 현상이라고 보면 되겠다.

　그런데 나도 건강과 몸에 관한 관심을 최근에 더 많이 갖게 되었다. 어려서부터 건강하지 못하게 태어난 체질 때문에 건강에 유달리 관심이 많았던 탓도 있지만, 40대가 되면서 더 몸을 건강하게 지탱하기 위해서 요즘은 운동에도 관심을 많이 쏟기 시작했다.

그러던 차에 이 책, 『휴식의 철학(원제 : Power through repose)』을 발견하게 되었다. 마침 건강과 휴식에 관한 관심이 증가할 찰나에 '선물'처럼 주어진 책이었다. 이 책을 한마디로 요약하자면, '우리의 몸과 마음을 다스리는 법칙, 자연의 가르침'인 셈이다. 그리고 이 책을 읽다 보니 저절로 감탄이 나왔다는 것을 고백한다. 나도 책이라면 정말 꽤 읽었던 편인데, 이 책에 나오는 가르침이 지천명의 나이를 바라보는 이 시점에서 내가 내린 삶의 철학과 거의 맞아떨어지는 것이 새삼 놀라웠다.

'우리가 삶의 지표로 삼아야 할 게 뭘까', '우리는 어떤 원리로 나에게 주어진 삶을 채워나가야 할까', 이런 의문을 품으면서 여기까지 살아왔는데, 그 해답을 수많은 독서와 사색으로 스스로 깨친 것이 '자연의 가르침'에 귀를 기울이자는 것이었다. 그런데 이 책에서 바로 그 원리에 대해 아주 상세하게 이야기해주고 있었다.

미국판 노장사상,
'자연의 가르침'에 귀 기울이기

● 이 책을 읽다 보면, 노자와 장자의 철학이 떠오른다. 내가 볼 때 '미국판 노장사상'이 아닌가 싶다. 이 책은 고전에 속하는데, 아직도 우리나라에 소개되지 않은 것이 적잖이 놀라웠다. 이렇게 좋은 책이 아직도 우리 독자들에게 소개되지 못했고, 그 탓에 나도 이제야 이 책을 접할 수 있게 되었으니 말이다. 몹시 안타깝고 아쉬웠다. 내가 좀 더 이른 나이에 이 책을 접했더라면 길고 긴 인생길을 덜 돌아서 오지 않았을까 싶다.

노장사상이 수많은 은유와 비유로 일반인들이 그 뜻을 쉽게 이해할 수 없도록 애매하고 불확실하게 삶의 원리를 전달한다면, 이 책은 미국의 저자라서 실용적이라 그런지 아주 상세하게 그 원리를 전해준다.

우리가 삶의 종착역에서 깨달을 수 있는 진리는 '자연의 가르침'을 따라야 한다는 것이다. 이 책에 이런 말이 있다.

"확실하게 말하지만, 자연이 허락하는 휴식은 만들어지는 게 아니라 그저 그곳에 있는 것이다."

이 부분에서 '그저 그곳에 있는 것'이라는 말이 바로 노장사상의 가르침과 닿아있는 지점이다. 그렇다. 우리 사회가 '몸짱'이다, '건강 열풍'이라고 하면서 몸에 관한 관심은 증가했지만, 실상 그 몸이 자연의 일부라는 사실은 간과하고 있었다. 우리가 건강을 생각할 때, 그리고 우리 몸을 생각할 때는 자연의 가르침을 먼저 깨달아야 제대로 관리할 수 있다. 또 그렇게 해야만 계속 몸에 대한 애정을 가질 수 있어 운동도 더 열심히 할 수 있는 것이다.

우리나라의 교육도 항상 암기 교육만 해서 그 원리에 관해서는 설명해주지 않고 무조건 외양적인 것만 외우라고 강요해왔듯이, 요즘 불고 있는 '몸짱'과 '건강' 열풍도 마찬가지다. 우리 몸에 대한 철학을 먼저 깨닫지 않은 상태로 그저 외면적인 모습만 강조하는 바람이 불고 있다. 그래서 때로는 쉽게 포기하고, 때로는 인위적인 관리, 예를 들어 근육과 몸매에만 치중해 오히려 건강을 해치는 경우도 생기는 것이다.

이 책은 우리가 왜 몸을 관리해야 하는지, 또 몸과 정신이 따로 있는 것이 아니라는 사실을 알려준다. 몸이 건강해지려면 마음도 건강해야 하는데, 이 두 가지를 관리하는 원리의 기준은 바로 '자연의 가르침'인 것이다. 이 가르침이 어떠한 것인지에 대해서도 구체적인 사례를 들어 우리가 실제적인 삶에 실용적으로 적용할 수 있도록 친절하게 안내해준다.

'휴식의 철학'을 통해 망망대해 같은
인생의 바다에서 길을 찾기를

● 내가 살면서 깨달은 삶의 운용 원칙 중 가장 기본적이고 중요한 것이 '자유'이다. 그런데 이 책에서는 자연의 가르침에 따라 살 때, 우리가 그 자유를 맘껏 누릴 수 있다고 한다. 다음 구절을 보자.

"본능에 충실한 동물의 몸은 자유로워서 아름답다. 자유로이 움직이는 호랑이의 몸은 얼마나 우아하고 위력적으로 보이는지 모른다. 아기의 몸이 모든 움직임과 표현에 반응하는 자유로움은 알수록 오묘하다. 그러나 대부분 아이가 3살이 되기 전에, 물려받은 대로 몸을 경직시키는 성향이 나타나기 시작한다."

그렇다. 우리는 태어날 때는 자연의 일부로서 자유롭게 태어나지만, 자라면서 이 자연의 섭리를 거스르기 시작하면서 몸의 자유도 잃게 된다는 이야기다. 이 책을 읽다 보면, 한 구절, 한 구절을 그냥 스쳐 지나가기 어려울 만큼 많은 구절이 격언처럼 삶의 방향을 알려준다. 고전이 좋은 이유는 바로 이런 것이다. 알맹이로만 꽉꽉 채워져 있다는 것, 이것이 바로 고전의 멋이자 덕이 아닐까.

이 책을 이제라도 국내 독자들에게 소개할 수 있어 참 보람이 있고 의미가 깊다. 청소년들도 이 책을 열심히 읽기를 바란다. 그렇다면 좀 더 덜 방황해도 좋을 것이다. 한창 삶의 원리를 찾고 있는 시기에 이 책은 유용한 나침반이 되어줄 것이다. 또 어른이 되어서도 삶의 해답을 아직 찾고 있다면 역시 이 책은 화룡점정으로 완성을 위한 마지막 점을 찍어줄 것이다.

'어떻게 살아야 하는가' 이 질문에 대한 해답은 여러 책에서 다양한 형태로 많이 나와 있지만, 이 책만큼 실질적으로 딱 꼬집어 상세하게 이야기해주는 책은 없는 것 같다. 우리의 정신뿐만 아니라, 몸도 중요하다. 몸이 중요하듯 정신도 역시 소중하다. 이 두 가지의 관계에 대해서, 그리고 우리가 자연의 일부로 이것을 어떻게 운용해야 하는지에 대해서 철학적인 품격을 지키면서도 어렵지 않고 이렇게 쉽고 상세한 지침을 내려주는 책도 다시 없을 것 같다.

부디, 독자 여러분도 이 책을 통해 망망대해 같은 인생의 바다에서 길을 찾기를 바란다.

2018년 11월
조선우

개성은 매여 있으나, 보편성은 널리 퍼진다.

- 프랑수아 델사르트

●

몸이 완벽하게 다듬어지면 완벽하게 기운이 채워지고,
완벽하게 자유로우며 매우 경제적인 소비로 작동할 수 있다면,
느끼고 경험하고 표현하기에 완벽한 도구가 된다.

- W. R. 앨저

의지를 올바르게 사용하는 법을
어릴 때 배울 수 있다면 정말 행복한 일이다.
그러나 그렇게 배울 기회가 없었던 사람들도 있으며,
그들이 우리 아버지나 어머니일 수도 있다.
그러므로 우리의 성장이 더디더라도 만족해야 한다.
우리는 걸음마를 배우는 아기와 같다.
아기는 하루, 또 하루 계속 걸음마를 시도하고 그것 때문에
스트레스를 받거나 하는 일은 없다.
아기가 절망적인 기분으로 아침에 일어나서 이렇게 한탄하는 일은 없을 것이다.
"아! 오늘도 걷는 연습을 해야 하는구나.
언제쯤 배우는 게 끝날까?"

– 애니 페이슨 콜(Annie Payson Call)

Contents

기획자의 말 몸과 정신, 그리고 휴식에 대한 삶의 원리를 찾아서　005

I. 우리 몸에 작용하는 자연의 섭리, 그 위대함　017

II. 몸에 대한 우리의 실수, 그 안타까움　025

III. 최고의 휴식, 그 또 다른 이름은 '수면'　033

IV. 중력의 법칙에 저항하지 않기　043

V. 두뇌를 사용할 때, 나머지는 잠자코 있기　053

VI. 뇌가 우리 몸을 이끄는 법칙　065

VII. 올바르게 걷는 법　081

VIII. 통증을 줄이는 법　089

IX. 우리가 일상적으로 겪는 '거짓 감정들'　099

X. 자연의 가르침　125

XI. 이상적인 모델, 어린아이　141

XII. 휴식 연습　153

XIII. 몸에 생기를 불어넣는 훈련   181

XIV. 마인드 트레이닝   203

XV. 예술에 관한 생각   223

XVI. 시험이 찾아와도 흔들리지 않기   243

XVII. 합리적으로 자신을 돌보는 법   257

XVIII. 타인과의 관계   271

XIX. 의지를 올바르게 사용하는 방법   289

요약   307

옮긴이의 말 우연과 인연 사이에서 만난 '휴식의 철학'   314

POWER THROUGH REPOSE

I

우리 몸에 작용하는 자연의 섭리,
그 위대함

● ● ●

● ● ●

일반적으로 사람들은 상식이 있으면 당장이라도
우리 몸을 잘 쓸 수 있을 거로 생각한다.
그러나 근육을 올바르게 사용하는 능력은
상식이 있다고 저절로 생기지 않는다.
상식만으로 근육을 발달시킬 수 없는 것과 같다.
근육을 발달시키려면 먼저 상식으로
근육을 발달시킬 필요성을 깨달아야 한다.

●　우리 몸을 돌보는 방법에 관한 글은 이미 넘칠 만큼 많다. 어떤 음식이 우리 몸에 적합한지, 우리가 숨 쉬는 공기는 어떠해야 하는지, 어떤 옷으로 몸을 보호해야 하며, 신체를 더욱 발달시키는 방법의 최선은 무엇인지에 관한 글은 수두룩하다.

　이런 많고 많은 글에 덧붙여야 할 내용은 딱히 없다. 우리는 그저 이성적인 존재답게 그 글에서 알려주는 원칙을 잘 따르도록 노력하면서, 그 덕분에 얻어지는 긍정적인 결과를 일상에서 느끼면 그만이다.

　내가 지금부터 특별히 쓰고자 하는 글은 우리 몸을 더 잘 쓰기 위한 올바른 안내서이다. 사실 우리가 몸을 오용하는 현실에 주의를 환기하는 목소리는 꾸준하게 이어지고 있다. 이를테면 휴식을 외면한다거나, 몸을 과도하게 긴장시키는 등 똑똑한 인간들은 비뚤어진 창의력을 발휘하여 몸을 오용하는 방식을 참으로 무궁무진하게 많이도 고안했다. 그런데 아무도 깨닫지 못하는 사실이 한 가지

I. 우리 몸에 작용하는 자연의 섭리, 그 위대함

있다. 바로 그 '긴장'이라는 것, 가벼운 긴장이든 극심한 긴장이든 어떤 경우라고 해도 부단한 노력을 기울이면 거기서 벗어날 수 있고 또 반드시 벗어나야만 한다는 사실이다.

근육의 힘을 키울 때와 마찬가지로 처음에는 간단한 단계부터 시작해서 점차 복잡한 단계로 나아가는 훈련을 규칙적으로 실시하면 얼마든지 긴장에서 벗어날 수 있다. 사람들이 자연의 섭리에 어긋나게 살아온 세월은 벌써 여러 세대를 지나도록 오랫동안 이어져 왔다. 지금 우리 세대는 잘못된 삶의 방식을 물려받은 9대손이나 10대손쯤 된다. 그러므로 이러한 일탈을 온전히 인식했다손 치더라도, 단번에 그 섭리가 순조롭게 우리 몸에 작용하는 상태로 돌아가기는 불가능하다. 한 걸음, 한 걸음, 느린 걸음으로 자연의 섭리에 순응하는 삶의 방식을 어렵게 되찾아가야 한다.

우리가 지금까지 살면서 거스른 법칙이 얼마나 위대한지 그 진실을 차츰 깨우쳐 나간다면 많은 보상을 얻을 것이다. 우리 몸에 작용하는 자연의 섭리, 그 위대함을 아는 것이 이 세상을 살아가는 인간으로서 누릴 수 있는 지극한 기쁨이라고 말해도 과언이 아니다.

우리의 신경계에 숨겨진 힘, 그 경외감

　🌸 일반적으로 사람들은 상식이 있으면 당장이라도 우리 몸을 잘 쓸 수 있을 거로 생각한다. 그러나 근육을 올바르게 사용하는 능력은 상식이 있다고 저절로 생기지 않는다. 상식만으로 근육을 발달시킬 수 없는 것과 같다. 근육을 발달시키려면 상식으로 근육을 발달시킬 필요성을 먼저 깨달아야 한다. 그리고 이 목적을 이루려면 우리 힘으로 길을 닦아야 한다는 것을 인식하기 위해 상식이 필요하다. 마지막으로 묵묵히 그 길을 따라가야 한다는 사실을 아는 것까지가 상식의 역할이다.

　근육을 발달시키는 길은 이미 여러 갈래로 닦여 있어서 그럴 필요를 느끼는 많은 사람이 그 길을 따라간다. 다만, 최상의 발달로 이끄는 길은 우리처럼 평범한 사람들에겐 여전히 닫혀 있다. 이런 훈련은 마술사나 곡예사들에게나 열려 있는 길이다. 그것도 직업적으로 그들에게 필요한 부분에만 국한된 훈련이다.

　다시 본론으로 돌아가자. 근육은 신경의 지시를 받는다. 그러므로 근육을 잘 쓰는 법을 훈련한다는 것은 신경이 가진 힘을 잘 사용하는 법을 훈련하는 것을 의미한다. 신경계가 보여주는 능력은 좋은 쪽으로든, 나쁜 쪽으로든 참으로 놀랍다. 잠재된 힘 또한 대단하다. 우리가 신경계에 관해 미처 모르고 있는 사실들을 알면 매우 놀라고 경외감마저 느낄 것이다. 그건 지극히 당연한 일이다.

많은 사람이 특히나 신경계에 대해 잘 모를수록 그 주제를 회피하는 것 또한 조금도 이상할 게 없다. 딸이 신경쇠약에 걸리기 직전인 상태로 고생하는데, 엄마는 이렇게 말하곤 한다.

"우리 애가 신경이라는 것 자체를 아예 몰랐으면 해요."

가엽게도 그 딸은 이미 나쁜 방향으로 신경의 존재를 알고 있다. 신경을 건강하게, 자연에 부합되게 사용하는 법을 배워서 신경의 존재를 아는 게 훨씬 낫다는 건 두말할 필요도 없다. 많은 남자, 여자들이 자기 사연을 이야기하면서 이 사례의 엄마처럼 말한다.

교사들은 자기 학생에게 이야기할 때나 학생에 관해 이야기할 때 대다수 같은 태도를 보인다. 물론 이제껏 사람들이 신경을 들먹일 때는 대개 신경에 이상이 생겼다는 뜻이다. 그리고 그 이상 증상에서 벗어나기 위해 꼭 필요한 정도를 넘어설 만큼 오래 고민하는 것은 궁극적으로는 건강에 이로울 리 없을 것이다. 그러니 따지고 보면 그 주제를 회피하는 게 자연스러운 일이긴 하다.

POWER THROUGH REPOSE

II

몸에 대한 우리의 실수,
그 안타까움

● ● ●

● ● ●

기력을 되찾게 해주는 자연의 법칙에서
고집스럽게 벗어나 있으면서
약으로 힘을 얻는 게 무슨 소용인가.
습관이 끈질기게 우리 발목을 잡는데,
어떤 약인들 효과를 발휘하랴.
약에 기대다 보면, 결국에는 얻는 것보다 잃는 게 훨씬 크다.

우리는 가지각색의 무수히 많은 방식으로 힘을 남용한다. 그러면서 결국 몸을 잘못 쓰는 건 너무 명백하므로, 굳이 여기서 언급할 필요가 없다. 그러나 관점을 조금 바꿔 보면 이건 꼭 짚고 넘어가야 하는 문제이다.

비일비재한 이런 현상들이 매일같이 고통스러운 결과를 초래한다. 그런데도 우리는 눈이 있으나 보지 못하고, 귀가 있으나 듣지 못한다. 이런 끔찍한 실수들을 제대로 자각하지 못하는 바람에 몸과 마음이 점점 더 깊은 수렁으로 빠져든다. 항상 시작은 신경쇠약이다. 하지만 그리 오래지 않아 우울증이나 다른 정신질환으로 악화하는 단계를 밟는다.

시민 개개인의 기력이 쇠퇴하면 나라 전체의 쇠퇴로 이어지는 게 당연하다. 너무 지나친 비약이 아닌가 싶을 것이다. 하지만 우리가 자의적으로 사용하는 힘을 오용한 결과가 벌써 드러나고 있다. 이러한 사실을 잠깐이라도 고려한다면 절대로 비약이 아님을 알 수

II. 몸에 대한 우리의 실수, 그 안타까움

있다. 우리나라 사람들의 건강 문제에 어느 정도 관심을 가진 이들은 신경 계통에 작용하는 약물의 광고들만 봐도 여러모로 느끼는 바가 많을 것이다.

우리는 자기 몸을
제대로 사용하는 법을 배우지 못했다

● 자연의 법칙에 순응하는 몸을 만들기 위해 인위적인 수단을 사용하는 것은 그 사람이 실제로 얼마나 부자연스러운 상태인지 말해준다. 대부분 이런 인위적인 수단은 자연스러운 겉모습을 조금 더 오래 유지하도록 도와주는 용도이다. 인위적으로 자연스러움을 꾸미면, 결국에는 아무것도 얻지 못하거나, 때로는 그보다 더 나쁜 결과를 불러온다.

심지어 신경을 회복시키는 치료법 가운데 가장 단순하고 무해하다고 할 수 있는 휴양요법조차 결과가 만족스럽지 않다. 신경을 마구 써버려 지쳐버린 환자들이 휴양을 간다. 어머니의 품처럼 포근히 안아주는 자연 속에서 휴식을 취하며 건강을 회복한다. 하지만 그들은 막상 자기 몸을 제대로 사용하는 법, 자연스럽고 온화하게 자기 몸을 다스리는 법을 배우지 못했다. 좀 더 편하게 살아야한다는 건 안다. 그러나 이런 올바른 자각이 있는데도 실천에는 한계가 있다. 그러다 보니 다시 '휴식'을 위해 휴양을 가야 하는 경우가 태반이다.

신경을 혹사해서 질병으로까지 이어지는 경우를 우리 주변에서쉽게 찾을 수 있다. 이중 가장 흔한 질병이 중증의 신경쇠약이다. 주변 사람들의 얼굴을 유심히 관찰하자. 그리고 그들이 어떻게 사는지 조금 더 자세히 알아보자. 그러면 만성적인 신경쇠약에 시달리고 있다고 진단해도 과장이 아닌 사람들이 적지 않게 눈에 띈다.

이들은 몇 년을 그렇게 버티다가 결국 중증으로 악화한다. 생각이 모자란 탓에, 그리고 더 나은 삶, 더 자연스러운 삶에 대한 고민이 부족한 탓에 우리는 자신이 가진 가능성을 알아차리지 못하고있다. 이 가능성에 관해 고민을 시작하고, 그에 따라 인식이 자라나면 하루하루가 놀라움의 연속이다. 그러면서 매일 더욱 큰 기쁨을맛보게 된다.

우리가 1할만 가면,
나머지 9할은 자연이 돕는다

● 희한하게도 심각한 신경성 긴장은 유독 미국인에게 흔하다. 어떤 독일 의사가 환자들을 치료하러 미국에 와서는 각양각색의 신경 질환을 마주하고 의문을 품었다. 그러다가 마침내 새로운 질병을 발견했다고 발표했다. 의사는 이 질병을 '아메리카니티스(Americanitis)'라고 이름 붙였다. 우리는 지금 헤아릴 수 없을 만큼 다양한 '아메리카니티스'에 시달린다. 의사들이 연구에 매달리고, 새로운 신경치료제가 우후죽순처럼 등장하고, 신경 질환을 치료하는 병원이 속속 문을 열고, 휴양요법을 위한 시설이 사방에 생겨난다. 사실 이러한 사태의 근본 원인은 상대적으로 너무 단순하다. 그래서 우리는 그 이유를 완전히 간과하고 있었다.

그렇다면 그 원인은 무엇일까. 바로 완벽한 자연의 섭리에 불응하면서 병이 생겼다. 그러니 이 섭리를 꾸준히 성실하게 따르면 다시 건강한 상태로 돌아갈 수 있다.

자연은 더없이 친절하다. 그러므로 우리는 가야 할 길을 1할만 가면, 나머지 9할은 자연이 돕는다. 항상 자연은 어디 끼어들 틈이 없을까, 노심초사하면서 우리를 지켜본다. 그러다가 아주 살짝이라도 우리가 자연을 향해 몸을 돌리면 곧바로 우리 손을 덥석 잡는다. 그런데 우리는 자연의 단순한 법칙을 받아들여서 묵묵히 그 완벽한 길을 걸어가지 않는다. 인위적인 수단을 써서 보다 빨리 자연스러운 상태로 돌아가려고 무리수를 둔다. 그러다가 도리어 자연으로부터 더 멀어지고 있는 셈이다.

기력을 되찾게 해주는 자연의 법칙에서 고집스럽게 벗어나 있으면서 약으로 힘을 얻는 게 무슨 소용인가. 습관이 끈질기게 우리 발목을 잡는데, 어떤 약인들 효과를 발휘하랴. 약에 기대다 보면, 결국에는 얻는 것보다 잃는 게 훨씬 크다.

안정제로 신경을 억누르고, 그 틈에 계속 신경을 오용한다면 약이 무슨 소용인가. 언젠가는 신경이 더 참지 못하고 비명을 지른다. 자연으로 돌아가겠다고 말이다. 우리가 바른 삶을 살도록 언제라도 기꺼이 도움의 손길을 내밀어주는 자연도 끝내 인내심이 바닥나고 말 테니, 그 응징은 호될 수밖에 없다. 다시 말하자면, 법칙은 고정불변이다. 만약 우리가 이 법칙을 따르지 않는 생활을 계속한다면 반드시 혹독한 대가를 치르게 된다는 걸 잊지 말아야 한다.

POWER THROUGH REPOSE

Ⅲ
최고의 휴식,
그 또 다른 이름은 '수면'

● ● ●

• • •

물론 마음이 엉뚱한 방향으로 부산스럽게 움직이면

자유로운 신경과 이완된 근육으로

자연스러운 수면에 걸림돌이 된다.

"생각 좀 그만할 수 있었으면" 하고 푸념하는 소리를 자주 듣는다.

이럴 때는 이성이나 철학도 별 소용이 없는 듯하다.

● 우리는 신경이 가진 능력을 어떤 식으로 오용할까? 먼저 우리 몸이 완전한 휴식을 취하는 때가 언제인지 생각해보자. 가장 오래, 가장 완벽하게 쉬는 시간은 밤에 잠을 잘 때이다. 잠잘 때는 정신이나 몸이 자의적으로 무슨 일을 하는 것이 불가능하다. 잠을 자면서 신경과 근육에 일을 시키는 것은 단순히 부질없는 시도가 아니라 더 나쁘다고 할 수 있다. 괜히 에너지를 낭비하면서 결국 돌이킬 수 없는 해를 직접 입는다.

수면은 오로지 휴식을 위한 것이다. 휴식 외에는 아무것도 얻을 게 없다. 그리고 수면의 결과로 우리에게 새롭게 힘이 생긴다는 사실을 제대로 알면서, 자연이 수면을 통해 우리에게 선사하는 모든 것을 잘 받을 수 있도록 온몸을 맡기지 않는 것은 얼마나 어리석은 짓인가.

저녁을 먹지 않고 창밖에 개한테 던져주거나, 다른 식으로 엉뚱하게 낭비하고 나서 왜 자기 몸에 영양분이 채워지지 않는지, 왜 머리가 어질어질하고 영 기운이 없는지 이상하게 여기는 사람이 있다고 가정해보자. 우리 딴에는 잠을 자느라고 자는 것 같은데, 8시간이나 침대에 누워 있어도 왜 휴식이 모자란 느낌인지 의아해하는 것이 딱 그 짝이다. 다만, 피곤하게 잠을 자는 습관은 가랑비에 옷 젖듯이 서서히 스며들어서 우리가 미처 알아차리지 못하고 있을 뿐이다.

많은 이들이 잠을 자는 사이에도 단순하기 그지없는 자연의 모든 법칙을 습관적으로 어긴다. 게다가 코앞에 놓인 관심사에 정신이 팔려서 잠을 자면서도 쉬지 않는 습성이 굳어버렸다. 그러니 다시 자연스러운 수면으로 푹 쉴 수 있으려면 어떻게 해야 할까. 생각하고, 연구하고, 연습해야 한다.

침대에 누워 쉬면서 온몸에 힘을 다 빼고 자기 체중을 모두 침대에 싣는 사람은 별로 없다. 말하자면 침대 위에서 버티는 게 아니라, 침대가 떠받치도록 몸을 맡기는 사람이 잘 없다는 것이다.

한번 살펴보라. 당신은 극히 드문 경우(다행히 이런 경우도 가끔은 있다)에 속하지 않는 이상, 전신의 근육에 힘이 들어간 채로 침대 위에서 버티고 있는 셈이다. 설령 전신까진 아니더라도 거의 전신에 가까울 것이다. 이렇게 잠을 청하는 당신이 느끼는 피곤은 전신이 긴장한 것과 별 차이가 없다.

올바르게 잠을 자는 법은 매우 단순하다

● 긴장의 중심은 척추에 있는 듯하다. 척추는 끝에서 끝까지 침대에 편히 늘어지지 못하고 양 끝에서부터, 버티고 있는 그 사람의 몸이 허락하는 어느 선까지만 침대에 편히 닿는다. 무릎은 위로 당기고, 다리 근육은 긴장하고 있고, 손과 팔에도 힘이 들어가 있으며, 손가락을 구부려서 베개를 잡거나 주먹을 쥔다.

머리는 베개에 온전히 무게를 싣지 못한다. 그리고 베개 위에서 스스로 지탱하고 있다. 혀는 입천장에 가서 붙어있고, 목구멍 근육은 수축한 상태이다. 게다가 얼굴 근육은 이쪽 아니면 저쪽으로 당겨져 있다.

어쩌면 공포에 질린 사람을 묘사하는 것처럼 들리기도 한다. 이것이 '지친 몸에 달콤한 자양분'이 되는 잠을 두고 하는 이야기라니, 너무 과장이 심하다고 느낄지도 모르겠다. 하지만 사실이 정말 그렇다.

물론 대부분 사람은 잠을 자려고 누워도 위에서 말한 근육 수축의 예들을 한꺼번에 경험하진 않는다. 자기도 모르는 새 한두 군데, 많게는 십여 군데의 신경이나 근육이 긴장하는 것이 일반적이다. 그렇지 않은 사람은 매우 드물다. 쓸데없이 몸에 힘이 들어가 있다는 사실을 자각한 뒤에도 완전히 이완시키려면 시간이 걸린다. 그러므로 세심하게 살피며 인내심을 갖고 노력해야 좋은 쪽으로 습관을 바꿀 수 있다.

몸이 긴장한 채로 잠자리에 들어도 일단 깊은 잠에 빠지면, 우리 의사와 상관없이 자연이 조화를 부려서 온몸이 이완될 거라고 믿는 이도 있을 것이다. 그러나 조상으로부터 물려받아서 오랜 기간 우리 몸에 배어 있었던 습관을 자연의 힘만으로 이기기엔 역부족이다. 제아무리 자애롭고 친절한 자연이라도 본연의 방식에서 벗어나서 조화를 부리지는 못한다. 그러기를 바라서도 안 될 노릇이다.

올바르게 잠을 자는 법은 얼마나 단순한지 모른다. 우리 대다수가 빠져있는 잘못된 방식에 비하면 생각만 해도 건강한 방식이다. 이런 건강한 방식, 진정한 휴식이 되는 유일한 잠의 방식으로 되돌아가면 막대한 보상이 주어진다는 사실, 이것만 명심한다면 돌아가는 과정은 아주 간단하다.

비록 우리가 올바른 길에서 멀리 벗어나, 그곳으로 돌아가는 과정이 너무 느리게 느껴지긴 하겠지만 말이다. 그러나 일단 꿈 같은 잠을 온전하게 되찾는다면? 아니 부분적으로라도 누릴 수 있다면? 그러면 자연스럽고 건강하게 작동하는 신경계를 위협하는 막강한 적군, 한 놈을 무찔러서 다시는 나쁜 힘을 쓰지 못하도록 할 수 있다.

물론 마음이 엉뚱한 방향으로 부산스럽게 움직이면 자유로운 신경과 이완된 근육으로 자연스러운 수면에 걸림돌이 된다. "생각 좀 그만할 수 있었으면" 하고 푸념하는 소리를 자주 듣는다. 이럴 때는 이성이나 철학도 별 소용이 없는 듯하다.

'인간들이 제 발로 지옥을 찾아가니 악마가 더 할 일이 없겠다'

● 잘못된 시간에 부산스러운 생각에 빠지면 얻는 게 없을 뿐 아니라 손해만 막심하다. 이것을 잘 알고 있어도 멋대로 굴러가는 생각은 막을 재간이 없다. 막으려고 하면 도리어 속이 더 시끄러워지기 마련. 마음에서 시작된 문제는 몸까지 장악하고 있다. 그러므로 먼저 공략해야 하는 곳은 마음이다. 몸이 건강한 마음의 지시에 잘 따르도록 신경을 훈련하자. 마음 또한 그런 훈련에 주의를 기울이자. 그래야 몸을 다스릴 수 있는 올바른 힘이 길러진다.

잡념을 도저히 멈출 수 없다면 어떻게 해야 할까. 멈추려고 시도하지 말고, 흘러가는 대로 내버려 두라. 오로지 근육을 이완시키는 데만 집중하다 보면, 근육을 풀어놓는 흥미로운(알찬 결실을 얻을 수 있기에 흥미롭다) 과정에 점점 더 주의가 고정된다. 그러면서 잡념이 서서히 희미해지고 머리는 쓸데없는 작동을 멈춘다. 애초에 머리가 잡념에 사로잡히도록 한 장본인인 마음이 더 가치 있는 일에 동원되었기 때문이다.

우리 몸은 낮에도 휴식이 필요하다. 수면에 적용되는 법칙이 이때도 똑같이 적용된다. 이렇게 5분간 푹 쉬면 평소 방식으로 두세 시간 쉰 것보다 훨씬 낫다. 예전에 한 여성이 쉬는 모습을 지켜본 적이 있다. 그 여성은 긴 소파 위에 누워서 푹신푹신한 쿠션을 뒤에 받치고, 고개를 곧은 자세로 꼿꼿하게 세우고 있었다. 쿠션 위에 고개를 내려놓으면 정말 편할 것 같은데. 그러기가 불가능한지 긴장을 풀지 못하고 똑바로 세우고 있었다.

이런 경우는 그리 드물지 않다. 오히려 꽤 흔하다고 할 수 있다. 앞서 말한 독일 의사가 새로운 질병을 발견했다고 생각한 것도 당연하다. 자신이 발견하고 이름까지 붙인 신생 질환이 무섭게 성장하는 바람에 그 의사도 경악하지 않았을까. '인간들이 제 발로 지옥을 찾아가니 악마가 더 할 일이 없겠다'는 표현이 절로 떠오른다.

잠을 잘 때, 혹은 이와 유사하게 휴식을 취할 때 잘못된 습관을 바로잡기 위해서는 건강한 어린아이의 잠을 유심히 살펴보는 게 제일 나은 방법이다. 완벽하게 쉴 수 있도록 몸이 자유롭게 풀어지면, 온갖 잡념과 근심을 고요히 잠재우기가 훨씬 수월해진다. 그러면 우리는 다시 자연이 허락하는 꿀잠을 잘 수 있다. 또 몸이 가뿐해지는 기분을 만끽할 수 있다. 아기 때는 자각하지 못하는 사이, 우리도 매일매일 이런 방식으로 기운이 채워졌다. 그리고 성장에 필요한 힘을 얻었다.

이런 잠을 자기 위해서는 가장 먼저 근육에 힘을 풀어야 한다. 그러면 우리를 괴롭히는 잡념에서 벗어나기가 더 쉬워진다. 굳이 피하려고 애쓰지 않아도 그냥 자연스레 잡념이 들지 않는다. 그 시간만큼은 잡다한 근심에서 해방된다. 그래서 푹 쉴 수 있다. 덕분에 어떤 근심이 닥쳐와도 대응할 수 있는 새로운 기운을 얻고 잠을 깬다. 다만, 이러한 습관은 의식적으로 키워서 몸에 배도록 만들어야 한다. 그리고 절대로 단번에 얻어지지 않는다는 사실만 기억할 것. 이런 습관을 키우는 방법은 다른 장에서 자세히 기술하려 한다.

Ⅲ. 최고의 휴식, 그 또 다른 이름은 '수면'

POWER THROUGH REPOSE

IV

중력의 법칙에
저항하지 않기

● ● ●

• • •

열차를 타고 갈 때도 마찬가지다.
열차로 장거리를 가면서 느끼는 피곤은 많은 부분이,
실제로 대부분 애초에 느낄 필요가 없는 것이다.
열차에 실려 가는 게 아니라 열차를 끌고 가려는 사람처럼
무의식중에 부질없이 기운을 쓰거나,
열차가 흔들리면 흔들리는 대로 느긋하게 받아들이지 않고
그 흔들림에 저항하느라 피곤을 느끼기 때문이다.

● 당신은 의자 위에서 버티는 쪽인가, 아니면 의자에 몸을 싣는 쪽인가? 중력의 법칙 아래 있을 때는 순순히 몸을 맡기고 그 힘을 느껴야 한다.

이 법칙에 저항하지 마라. 중력이 이끄는 대로 의자에 푹 내려 앉지 못하고, 마치 체중을 전부 실으면 의자가 부서지지 않을까 걱 정하는 사람처럼 굳은 몸으로 의자 위에서 버티는 경우가 수두룩하 다. 정말로 부자연스럽고 불편할 뿐 아니라 보기에도 어색하기 짝 이 없다.

열차를 타고 갈 때도 마찬가지다. 열차로 장거리를 가면서 느끼 는 피곤은 많은 부분이, 실제로 대부분 애초에 느낄 필요가 없는 것 이다. 열차에 실려 가는 게 아니라 열차를 끌고 가려는 사람처럼 무 의식중에 부질없이 기운을 쓰거나, 열차가 흔들리면 흔들리는 대로 느긋하게 받아들이지 않고 그 흔들림에 저항하느라 피곤을 느끼기 때문이다.

빠르게 달리는 열차의 움직임에는 기분 좋은 리듬이 있어서 몸을 이완시킨다. 그 리듬에 몸을 실으면 피곤하기는커녕 휴식이 되기도 한다. 이것을 명백하게 입증한 한 여성의 사례가 있다. 몸을 이완해야 한다는 법칙을 이제 막 배우기 시작한 그 여성은 심리적인 불안감 때문에 과도하게 긴장한 상태로 여정을 시작했다. 흔들리는 열차는 멀미를 일으켰고, 금방이라도 실신할 것 같은 불쾌한 기분이 들었다. 왜 그런지 원인을 알고 그녀는 당장 불필요한 긴장을 풀었고 어질어질한 느낌이 가셨다.

그러자 그녀는 재미있는 소설을 꺼내 읽기 시작했다. 흥미진진한 내용에 동화되어 몸의 근육들이 수축하자 실신할 것 같은 기분이 도로 심해졌다. 그녀는 책을 내려놓고 다시 긴장을 풀어야 했다. 이런 과정이 대여섯 차례 되풀이되었다. 그러고 나니 몸이 겨우 자연의 법칙에 순응했고, 괜한 긴장으로 멀미가 나는 현상 없이 책을 읽을 수 있었다.

자신을 들볶지 않고 가만히 있으면 훨씬 나을 텐데

◉ 마차를 몰 때도 같은 법칙이 적용된다.

"나는 마차만 몰면 너무 피곤하니 도저히 마차를 몰 수가 없어."

이렇게 불평하는 사람이 제법 많다. 대체 왜 피곤한 걸까?

우선은 마차의 좌석에 전적으로 몸을 맡기고, 마차가 달리는 움직임에 순응하면 될 것이다. 그런데 그러지 못하고 말들을 도와 마차를 끌려는 것처럼 몸에 힘이 들어가거나, 움직이는 마차에서 몸을 고정하려고 애쓰니 피곤한 것이다.

승마할 때 말과 하나가 되어야 하는 것처럼, 마차를 운전할 때는 마차와 하나가 되어야 한다. 불안을 느낄 만한 상황에서, 이를테면 모퉁이를 급하게 돌아야 한다든지 기찻길에 근접한다든지 할 때 몸의 상태를 잘 살펴보라.

마차 바닥을 발로 세게 누르고 있거나, 그렇지 않으면 몸의 다른 어딘가가 긴장해 있을 것이다. 쓸데없이 신경의 힘을 사용하는 행동이기에, 얻는 것은 아무것도 없고 잃는 것만 엄청나다.

물론, 긴장이 꼭 필요한 순간은 있다. 좋은 의미의 긴장이 꼭 필요한 순간에 자연스럽게 나타나려면 먼저 우리 몸에 해가 되는 불필요한 긴장을 전부 내려놓는 법을 배워야 한다. 환자를 위한답시고, 신경쇠약을 앓고 있는 사람을 장거리 나들이에 데려가면 돌아올 때는 신경쇠약이 더 심해져 있다. 흔들리는 마차에서 편안하게 이완하는 법을 알지 못하면 긴장으로 몸이 더 상할 뿐, 신선한 공기도 약이 되지 못한다는 말이다.

우리는 무언가를 기다리는 시간에도 신경의 힘을 많이 사용한다. 일정한 시간 동안 꼭 기다려야 한다면 초조하게 긴장한다고 시간이 빨리 흐르거나, 기다리는 일이 더 일찍 일어나지 않는다. 그저 기력을 허비하여 '아메리카니티스'로 가까워지는 효과만 크다. 자신을 들볶지 않고 가만히 있으면 훨씬 나을 텐데, 긴장한 채로 1시간을 보내는 피로는 하루를 꼬박 노동한 뒤와 별반 다르지 않다.

뭔가를 기다릴 때의 습성이 자신에게는 어떤 독특한 양상으로 나타나는지 찾아내는 건 개인의 몫이다. 다만 이런 식으로 피로를 느끼는 경우가 얼마나 흔한지, 그 정도가 얼마나 심한지, 이런 패턴에서 벗어나기가 상대적으로 얼마나 쉬운지 알면 놀랄 것이다. 물론 꾸준하게 노력하고, 세심하게 자신의 상태를 살펴야 겨우 작은 차이라도 만들 수 있는 예외적인 시기와 상황도 있다.

신경쇠약으로 직행하는 걸
막아주는 '휴식의 법칙'

● 절대적인 휴식인 '수면'부터 강제적인 휴식인 '기다리는 시
간'까지 몸과 마음이 그저 고요히 있으면서 아무것도 하지 않아도
되는 때의 몇 가지 예를 살펴보았다.

뭔가를 기다릴 때나 운전을 할 때와 연관해서 한 가지만 덧붙이
고자 한다. 꼭 타야 하는 열차가 있다고 가정하자. 두 다리를 믿거
나, 덩치 큰 마차로는 시간을 맞출 수 없어서 다급하게 영업용 2륜
마차를 탄다. 그래도 마음이 불안한 나머지 걸어서 가는 것과 다름
없이 바짝 긴장해 있을 것이다.

그래야 마차가 빨리 달려가는 것을 도울 수 있다는 듯이. 척추를
꼿꼿하게 경직시키고 근육에 힘이 바짝 들어가 있어야만 제시간에
역에 도착할 수 있다는 듯이. 영업용 마차를 탔으면 역에 도착할 때
까지 당신이 할 일은 아무것도 없다. 그냥 평온하게 앉아서 말들이
제 일을 하고, 마부가 자기 일을 하도록 내버려 두는 게 어떨까.

신경쇠약으로 직행하는 여러 경로 가운데 지금 다루고 있는 한
가지, 즉 휴식의 법칙을 어겨서 병을 자초하는 사례만 모아도 얇은
책 한 권을 쉽게 채운다. 또, 우리가 활동하면서 자연의 법칙을 어기

는 온갖 경우들을 일일이 나열하자면 얇은 책이 아니라 두꺼운 책으로 몇 권은 나온다.

개선되는 것 없이 이런 식으로 계속 가다가는 매년 신경과민의 새로운 사례를 실은 연감이 출간되어야 할 지경이다. 그러나 설령 우리가 불안정하고 근시안일지 몰라도 다행히 제법 괜찮은 두뇌와 상식이 있다. 이것을 제대로 활용하면 몇 가지 사례를 접하는 것만으로도 시야가 열리고 사고력을 가동하는 계기가 된다. 그러기에 현실적으로 의미 있는 결과물을 얻을 것이다.

POWER THROUGH REPOSE

V

두뇌를 사용할 때,
나머지는 잠자코 있기

● ● ●

• • •

뭔가를 경청하려면 뇌와 귀만 사용하면 된다.

그런데 재미있는 강연을 듣거나

교회에서 마음을 사로잡는 설교를 듣는 사람들을 한번 지켜보라.

그들은 척추, 어깨, 얼굴의 근육까지 동원해서

강연이나 설교를 듣는다.

재미있어하는 표정, 집중하고 있는 표정,

혹은 마음의 상태를 자연스럽고 정직하게 드러내는

그런 표정을 두고 하는 말이 아니다.

우리 몸에서 두뇌만 사용할 때, 신체의 나머지 부분은 두뇌가 자기 일을 잘하도록 그저 잠자코 있어야 하는 경우를 한번 살펴보도록 하자.

예를 들면, 생각할 때이다. 대부분 사람은 생각할 때면 목구멍이 너무 조여 있어서 공기가 드나들 틈이 남아있는 게 신기할 정도이다. 혀는 경직되고, 갑작스럽게 파상풍이라도 걸린 것처럼 턱은 딱딱하게 굳어있다. 누구나 가장 쉽게 힘이 들어가는 곳이 턱과 목구멍이긴 해도, 사람마다 사색에 잠길 때 긴장하는 신체 부위가 따로 있다.

조용히 독서하는 시간에도 역시 쓸데없는 긴장이 나타난다. 읽고 있는 책이 흥미로울수록, 깊이 있는 내용일수록 긴장의 강도가 그와 비례하여 증가한다. 순수하게 생각만 할 때는 오직 두뇌만 있으면 된다는 것은 해부학이나 생리학 지식까지 동원하지 않아도 너무나 분명한 사실이다.

따라서 다른 신체 부위에 힘이 가해지고 자연스럽지 못하게 수축하고 있는 것은 몸의 기운을 낭비하고, 두뇌가 써야 할 기운을 빼앗는 짓이다. 순수하게 정신적인 작업을 할 때 모든 활동의 중심은 뇌가 되어야 한다. 신체의 나머지 부분은 자유롭고 수동적인 상태로 있어야 뇌가 집중하기 좋다. 그러면 더 만족스러운 결론에 도달하게 되고, 작업을 마치고 난 뒤에도 생기를 잃지 않고 개운하다.

우리 몸을 여러 사람이 모인 사회에 비유해보면 이해가 명확해진다. 어느 사회 – 교회, 국가, 공공기관, 가정 – 이든 구성원 개개인이 자기 일에 전념하면서 전체를 위해 각자 맡은 소임을 다하고, 남의 일에 주제넘게 끼어들지 않으면 그 사회는 잡음 없이 잘 돌아간다. 어떤 사항을 심의하자고 모인 회의 석상에서 발언자를 돕겠다고 대여섯 명이 동시에 일어서서 같이 떠들면 어떻게 되는지 상상해보라.

인체의 특정 부위가 일할 때 다른 불필요한 여러 부위까지 '따라서' 수축하는 것이 바로 이와 같은 어리석은 행위이다. 쓸데없이 기운을 허비하여 무의미한 피로만 쌓일 뿐이다. 사회는 수천 개의 정신이 모여 있다. 그러나 사람은 하나의 정신으로 이루어져 있으니, 사람의 몸이 사회보다 질서정연한 상태라고 생각하기 쉽다.

자연의 법칙을 어기면 몸에 이상이 생긴다

● 뭔가를 경청하려면 뇌와 귀만 사용하면 된다. 그런데 재미있는 강연을 듣거나 교회에서 마음을 사로잡는 설교를 듣는 사람들을 한번 지켜보라. 그들은 척추, 어깨, 얼굴의 근육까지 동원해서 강연이나 설교를 듣는다. 재미있어하는 표정, 집중하고 있는 표정, 혹은 마음의 상태를 자연스럽고 정직하게 드러내는 그런 표정을 두고 하는 말이 아니다. 경직된 채 집중하느라 안면근이 당겨진 그 표정은 강연자에게 동화되어서라기보다 듣는 사람 자신의 신경이 긴장하고 근육들이 수축하여 그렇다.

"왜 꼭 일요일 오후만 되면 이상한 천식 증상이 나타나는지 모르겠어요."

어느 여성이 내게 말했다. 그녀는 일요일 아침마다 굉장히 재미있는 전도사의 설교를 들으러 갔다. 그 전도사는 어찌나 말이 빠르고 생각이 쏜살같이 내달리는지 생각을 말로 옮기다가 단어들이 서로 엉킬 때가 잦았다.

여성은 설교를 들으면서 전도사의 말이 꼬일 때마다 숨을 죽이고, 그가 말을 바로잡는 것을 돕는 심정이 되어 온 신경을 모았다. 게다가 전도사의 행동에 일일이 반응하면서 오히려 전도사보다 더 많은 기운을 소비했다. 그러면서 왜 다른 때도 아닌 꼭 일요일 오후에만 신경성 호흡 곤란을 겪는지 모르겠다며 이상하게 생각했다.

하지만 자연의 섭리에 주목하면서 그녀는 곧바로 알아차렸다. 자신이 어떤 식으로 그 법칙들을 어겼는지, 왜 일요일 오후마다 몸에 이상이 나타났는지. 이 사례는 그냥 듣고 나서 웃어넘겨도 좋을 재미난 이야기지만, 유사한 다른 신경성 이상 증세들을 설명하기에 안성맞춤이다.

각자 정도의 차이는 있겠지만, 근본 원인은 별반 다르지 않을 것이다. 이런 일련의 가벼운 이상 증세가 막상 당사자도 깨닫지 못하는 사이에 나날이 건강을 야금야금 갉아먹는다. 그러다가 어느 시점에 이르면 신경쇠약을 일으킨다는 사실도 어렵지 않게 유추할 수 있다.

음악을 들을 때도 이와 같은 태도로 같은 결과를 초래하는 사람들이 드물지 않다. 좋아하는 음악을 2시간 정도 듣고 완전히 녹초가 되는 것은 흔한 일이다. 그렇게 장시간이 아니라도 근사한 연주회를 보고 나면 푹 쉬어야 한다는 말은 절대로 과장이 아니다.

우리가 사는 방식이 워낙 뒤죽박죽인 데다가 조상들의 실수들까지 물려받았기에, 지금 우리는 자연의 법칙을 거스르는 것에 워낙 익숙하다. 그래서 몸과 마음이 바짝 긴장해야만 음악을 온전히 감상할 수 있다고 믿는 편이다. 실제로는 자연의 방식을 따라야 훨씬 깊이 있고 즐거운 감상이 가능한데도 말이다.

신경계가 완벽하게 자유로워야 음악의 리듬을 탈 수 있고, 자연의 참된 리듬으로 돌아갈 수 있다. 그러면서 하모니와 멜로디의 진동이 발휘하는 힘, 신이 부여한 그 자연의 힘에 감응할 수 있기에, 음악을 들으면서 제대로 휴식하고 생기를 회복하는 게 당연한 결과이다. 신경이 한 방향으로만 진동하는 것을 그토록 오래 내버려 두었던 우리. 혹시 다른 방식으로 자연의 법칙을 어기지 않았다면 말이다.

만성적인 긴장 상태로
오랜 세월을 살아왔던 우리

● 우리 스스로 억압하는 한, 몸은 자유로울 수 없다. 신경의 힘을 엉뚱하게 사용하는 한, 음악에 온전하게 집중하여 반응할 수 없다. 피아노 건반을 동시에 서로 반대 방향으로 죽 긁으면 조화로운 소나타를 연주할 수 없는 것과 마찬가지다. 그러나 안타깝게도 요즘은 바짝 긴장하는 성향이 정상으로 치부된다.

우리 대다수는 만성적인 긴장 상태로 오랜 세월을 보냈던 터라, 쉽게 달라지지 않는다. 한결같이 유익하고 위대한 우주의 진리를 모두 받아들일 만큼 자유로운 상태가 되는 것은 꿈도 꾸지 못한다. 게다가 며칠을 들여도 연주회를 감상하기에 적당할 만큼 몸과 마음을 자유로운 상태로 만들기도 힘들다. 우리가 최상의 능력으로 밖으로 표현하고, 안으로 받아들이는 데 스스로 걸림돌이 되지 않으려면 인내심을 가져야 한다. 그리고 매일 고민하고, 관심을 쏟는 수밖에 없다.

음악을 듣는 자연스러운 방법을 잊지 않은 이들도 가뭄에 콩이 나듯이 드문드문 보인다. 그들은 뼛속까지 음악인이라서 근사한 선율이 들리는 순간, 곧바로 음악과 하나가 된다. 특이하게도 감각이 가장 완벽하고 정상적으로 발달한 동물들도 음악과 하나가 될 줄 안다. 그러나 어느 정도라도 지성이 끼어들면 신경은 긴장하기 시작한다.

이런 현상은 너무나 두드러져서 지성을 오용함으로써 신경이 지나치게 흥분되는 사례가 많다. 그리고 신경의 힘을 오용하는 사람들을 보면 빠르게 돌아가는 지력이 많이 부족하다. 초원의 시냇물이 여러 방향으로 갈라져서 흐르면, 같은 수량이 한 방향으로 모여서 흐르는 것보다 힘이 약해지는 것과 같은 이치다. 거꾸로 신경이 긴장해서 지능의 작동이 비정상이 되는 경우도 많다.

국가의 안녕을 생각하면 다행스럽게도 신체적인 면으로 자연의 섭리를 잘 따르며 사는 사람들이 있다. 이런 사람들을 보는 것은 신선한 경험이긴 하다. 하지만 그들은 대개 지나치게 가벼운 자세로 인생을 살아간다. 올바르게 관심을 가지거나, 바르게 사고하지 않으면서 심하게 이기적인 경향을 보이기도 한다.

멈춰야 할 때가 언제인지 알면, 피로를 예방할 수 있다

● 뇌를 쉴 새 없이 일하도록 만드는 또 다른 통로는 눈이다. 미술관에서 시간을 보내면 죽을 만큼 피곤해진다. 그곳에서 느끼는 피로는 귀로 들을 때보다 훨씬 클 수밖에 없다. 모든 그림과 색깔이 한꺼번에 우리 눈 앞에 펼쳐지기 때문이다.

각양각색의 모양들, 서로서로 천차만별인 소재들이 잠시 쉴 짬도 없이 시야에 연달아 들어온다. 그만큼 피로한 일이니, 그 피로를 해소하기 위한 노력도 마땅히 커야 한다. 그림을 향해 너무 멀리 달려가지 말고 조용히, 그림이 우리에게 오도록 해야 한다. 멈춰야 할 때가 언제인지 알면 피로를 예방할 수 있다. 또 감상하는 동안 누리는 즐거움과, 남아있는 그날의 기억이 놀랍도록 늘어날 것이다.

차창으로 풍경을 구경할 때도 마찬가지다. 눈으로 즐기는 모든 일이 그렇다. 즐거움의 자연스러운 표현을 비난하려는 의도는 털끝만큼도 없다. 무심한 태도나 재미를 회피하는 태도를 권장하는 것도 아니다. 그와 반대로 가짜를 피하는 법을 배워야 진정한 재미, 진실한 표현이 더 많아질 수 있다는 뜻이다.

혹시 이 모든 과도한 긴장에 대해 알면 자의식이 너무 강해져서 힘들지 않을까? 한동안은 분명 그럴 것이고, 또 그래야만 한다. 얼굴에 묻은 얼룩을 씻어내려면 먼저 얼룩을 의식해야 한다. 얼굴이 깨끗해지면 얼룩 생각은 하지 않게 마련이다. 나쁜 것을 없애려면 먼저 그것을 똑똑히 들여다 봐야 한다. 모든 신체적 문제점을 선명하게 의식해야 하고, 스스로 불편을 느껴서 벗어나야겠다는 마음이 들어야 한다. 이 노력이 성공을 거두는 만큼 불편한 자의식도 같이 줄어든다.

생각할 때, 감각기관을 통해 뭔가를 받아들이고 인식할 때, 언제든 뇌가 단독으로 일할 때 잘못 사용되는 온갖 힘으로부터 우리 몸이 자유로워지면 새로운 힘을 얻는다. 근육들은 그 시간에 휴식을 취할 수 있다. 그리고 뇌는 방해받지 않고 조용히 자기 할 일을 할 수 있다. 물론 이러한 자유를 얻기 위해서는 그 필요성을 인식하는 게 첫 단계이다. 완벽한 자유, 그것을 얻기만 하면 자의식을 유발한 긴장에서 자유로워진다. 그뿐만 아니라 자의식도 마침내 자기 의무를 다했으니 같이 사라진다.

POWER THROUGH REPOSE

VI

뇌가 우리 몸을
이끄는 법칙

● ● ●

"늙은 철학자가 말했어요.
영혼의 자리는 횡격막에 있다고.
그건 잘 모르겠지만 말(word)이 거기서 시작되는 건 맞아요.
영혼과 육체 모두. 그런데 목에서 말의 숨통을 쥐어짜면
당신의 말은 태어나자마자 사망이지요!"
어느 유능한 음성 트레이너가 했던, 아주 의미심장한 말이다.

이제 뇌가 우리 몸의 다른 부분들을 어떻게 이끄는지 한번 살펴보려고 한다.

우리는 말을 하면서 불필요하게 낭비하는 힘이 엄청나다. 별다른 목적 없이 손, 어깨, 발, 전신을 이리저리 움직이는 것부터 다소 경직된 행동거지까지 의미 없는 동작들은 신경계가 쓸데없이 혹사당하는 것을 여실히 보여준다.

희한하게도 어깨는 한 자세로 고정하고 있을 때가 많다. 그것도 잘못된 자세로. 방문객을 맞이하는 여성은 온몸을 사용하여 말을 할 뿐 아니라, 손님이 말하는 것까지 온몸으로 투영하니 손님이 돌아가고 나면 두 배로 피곤하다.

"사람을 만나면 그렇게 피곤해지더라고요."

이런 말을 자주 듣는다. '아메리카니티스'에 걸린 사람만 그런 게 아니라, 발병 직전인 다수의 사람이 그렇게 말한다.

"당연히 사람을 만나는 게 피곤하겠죠. 쓸데없이 기운을 너무 많이 쓰면서 만나니까요."

　이것이 거의 예외 없이 정답이다. 아주 조금만 가르쳐주면 여성이 불필요한 피로를 느끼지 않도록 할 수 있다. 분별 있는 여성이라면 본인이 말할 때 온몸을 쓴다는 사실을 일깨워주고, 그것을 체감하도록 해주면 그것으로 충분하다. 이후 지속적인 교정을 통해 자연스럽게 말하는 힘을 얻고, 발성 기관만 사용하여 말하면서 말하는 내용에 꼭 필요한 단순한 몸짓만 취하게 된다.

　이런 변화 때문에 말을 할 때 활기가 줄어들기는커녕 오히려 더 강해지고 올바른 표현력이 길러진다. 말할 때 불필요한 동작이 많은 것은 뿌옇게 먼지를 일으키는 것과 다를 바 없다. 머리가 생각하는 것, 가슴이 느끼는 것이 먼지에 가려 흐려진다.

　미국인의 음성 - 특히 여성의 음성 - 은 자주 입방아에 올랐고, 매우 타당한 대접이다. 여자들의 오찬 모임을 두고 양계장에 비유하는 것도 과장이 아니라 제법 적절한 비유이다. 새된 소리로 떠드는 수다는 암탉이 떼로 모인 것보다 더 듣기 괴롭다. 여성의 부드러운 음성이 얼마나 소중한지 그 진가를 깨닫고 나면 새된 목소리를 들어주기가 더욱 괴로워진다. 마치 우아한 조찬 모임을 초라한 부엌에서 여는 것처럼 거북한 느낌이니 말이다.

"영혼의 자리는 횡격막에 있다"

● 아름다운 목소리는 옥수수, 기름, 와인에 비유되곤 한다. 우리 목소리에서 옥수수와 기름은 거의 소실되었다. 그리고 와인이라고 해봤자 포도로 만들어서 풍미가 깊고 스파이시한 와인이 아니라, 커런트(까치밥나무열매)로 만든 싸구려 와인의 쏘는 듯한 거친 맛에 가깝다.

자연의 법칙을 계속 거스르고 있다는 것을 제대로 입증하려면 목소리를 생리학적 관점에서 고찰해야겠지만, 이 책에서 다룰 만한 영역은 아니다. 여기서는 문제를 일으키는 직접적인 원인인 긴장에 관해서만 살펴보도록 하자. 목에서 소리를 짜내는 것, 강한 근육인 횡격막을 써야 하는데도, 가장 연약한 근육들을 사용하여 목소리를 내는 것은 마치 한 사람에게 열 사람분의 일을 시키는 것과 같다.

결국엔 그 한 사람은 과로로 쓰러질 테고, 열 명의 사람은 일하지 않아서 근력이 떨어질 수밖에 없다. 목사들이 인후염에 시달리는 것도 거의 예외 없이 이런 식으로 설명할 수 있다. 평신도 중에서도 늘 목 상태가 좋지 않은 사람들은 말할 때 근육을 잘못 사용하는 것 말고는 별다른 이유가 없다.

"늙은 철학자가 말했어요. 영혼의 자리는 횡격막에 있다고. 그건 잘 모르겠지만 말(word)이 거기서 시작되는 건 맞아요. 영혼과 육체 모두. 그런데 목에서 말의 숨통을 쥐어짜면 당신의 말은 태어나자마자 사망이지요!"

어느 유능한 음성 트레이너가 했던, 아주 의미심장한 말이다.

목소리 훈련을 위해 시간을 들이거나, 특별한 주의를 기울여야겠다고 자각하는 사람은 거의 없다. 미국에 있는 모든 학교에서 이런 훈련이 중요하게 취급되어야 마땅하건만, 현실은 그렇지 못하다. 만약 학교에서 이런 훈련을 한다면 먼저 교사들부터 시작해야 한다.

보통 교사들이, 특히 공립학교에서 불필요하게 신경을 긴장시킨 상태로 내는 목소리는 섬뜩하기까지 하다. 넓은 교실이라도 교사가 평상시 대화하는 톤으로 말해도 충분히 잘 들리고 오히려 학생들에게 더 깊은 인상을 남긴다. 교사의 목청보다 정신이 더욱 강하게 어필되는 것이다.

그러나 교사의 신경에 피로가 쌓일수록 목소리는 높아지고 강해진다. 날카롭고 큰 목소리로 열정을 표현하려 하지만, 도리어 역효과만 나서 열정을 가리기 쉽다. 그러니 조용한 목소리로 말하는 편이 학생들에게 훨씬 효과적인 힘을 발휘한다. 최상의 목소리를 만들기 위해 시간이나 돈을 투자할 수 없다면 날카롭고 불쾌한 톤에 대한 민감도를 높이는 방법이 있다.

'목소리를 낮춰라.'

'더 조용히 말해라.'

교사가 자기 자신에게, 다음은 자기 학생들에게, 그리고 어머니가 어린 자녀에게, 모든 여성이 자기 자신에게 끊임없이 타이르면 미국인의 표준 목소리가 변화할 테니 나라 전체를 위해서도 대단히 이로울 것이다.

'당신 목소리에서 뼈와 살의 소리를 빼세요'

● 커다란 교실에서 교사가 출석을 부른다. 마치 작은 방에서 마주하고 있는 아이와 대화하듯이 조용한 목소리로 부른다. 그러면 하나같이 부드럽고 편안하게 답하는 소녀들의 목소리를 듣는 게 얼마나 푸근하고 기분 좋은 일인지! 정말 잊을 수 없다. 매일 학교에서 부르는 이런 출석도 날카로운 미국식 목소리를 좋은 방향으로 바꾸는 데 한몫을 할 수 있었던 것 같다.

언쟁하는 두 사람을 지켜보라. 흥분할수록 두 사람의 목소리가 높아진다. 이럴 때 자제력을 발휘하는 가장 확실하고 좋은 방법은 목소리를 낮추는 것이다. 실제로 신경계와 목소리는 환상적인 짝꿍이라서 계속 서로 작용하고, 반작용한다. 목소리를 낮추면 쓸데없는 긴장에서 벗어나기가 더 쉽다.

'당신 목소리에서 뼈와 살의 소리를 빼세요.'

이런 단순하면서도 재미있는 말이 있다. 몸으로 너무 세게 밀어붙여서 영혼의 표현을 방해하지 말라는 의미다. 피아노를 쿵쾅거리거나 바이올린의 현을 강하게 긁어대면 그런 음악으로는 아무것도 표현할 수 없다. 이와 마찬가지로 사람의 목소리에 불필요하게 힘이 들어가면 그 속에 담긴 영혼을 가린다. 자연의 올바른 방식과 사람의 그릇된 방식은 악기보다 더 섬세한 악기인 사람의 목소리에서 그 차이가 더욱 극명하게 드러난다.

신경 질환을 앓고 있거나, 어떤 증상이든 지나치게 긴장된 신경 때문에 고생하는 사람이 우선 주의해야 할 점이 있다. 바로 조용하고 부드러운 목소리로 말해야 한다는 것이다. 신경이 불안정한 여자들은 새된 목소리, 쥐어짜는 목소리를 낸다는 것이 언제나 옳은 이야기는 아니다. 신경이 곤두선 낮은 목소리로 딱딱하게 말하는 사람들도 있다. 일반인이 듣기에 전혀 거슬리지 않더라도 불안정한 상태를 잘 알아보는 사람이 들으면 의미심장한 목소리다.

목소리 톤이 높은 경우보다 이렇게 낮은 목소리로 말하는 사람들이 신경의 긴장을 풀기가 더 어렵다. 억지로 평온함을 유지하는 것도 가끔 볼 수 있는데, 이때 신경의 긴장도는 엄청나다. 그것을 뛰어난 자제력이라고 여기고, 스스로 자부심을 느끼는 사람의 경우는 그 긴장도가 더욱 심각하다.

신은 그 누구에게도 고통을 주는 것이 최선이라고 생각한 적이 없다!

　● 흔히 여성들이 피로를 느끼는 또 다른 원인은 바느질하며 쓸데없이 긴장하는 것이다.

"목덜미가 너무 뻐근해요."

이것은 빈번하게 듣는 푸념이다. 대개는 "목덜미로 바느질을 하니 그럴 수밖에요" 이렇게 답하면 틀림없다. 게다가 허리 근육으로 바느질을 하니 허리가 이상하게 피곤한 것이다. 다리 근육, 가슴 근육도 마찬가지다. 어디든 피곤한 느낌이 있다 싶으면, 그 부분에 부자연스럽고 과도한 긴장이 있기 때문이다.

따라서 본인이 그것을 감지하면 이따금 1~2분 정도 짬을 내어 쓸데없이 동조하느라고 힘이 들어간 이 근육들에 힘을 빼야 한다.

그러면서 필요 없을 때는 나서지 않도록 훈련하고, 바느질에 꼭 필요한 근육만 사용하면 이런 피로를 막을 수 있다.

바느질하면서 과도하게 피로를 느끼는 매우 단순한 원인은 폐가 갑갑하게 움츠린 자세로 있기 때문이다. 그러므로 일을 멈출 필요도 없이 그저 숨을 길고 고요하게, 그리고 편하게 쉬면 예방할 수 있다. 이때 가슴에 있는 어떤 근육도 힘을 쓰는 일이 없어야 한다. 폐는 오직 공기의 압력만으로 부푸는 것처럼 느껴져야 한다. 고무공이 외부 압력이 사라지면 혼자 부푸는 것처럼 말이다.

공기를 내보낼 때도 똑같이 혼자 힘으로 해야 한다. 이런 방식으로 숨 쉬는 법을 계속 연습하면 비록 느리긴 해도 차츰 호흡하는 능력이 좋아지는 것은 확실하다. 그리고 기분 좋은 편안함을 얻는다. 고요하고 깊은 숨을 빠르게 쉬는 것은 고통을 감소시키는 효과를 나타내는 경우가 많다. 다만, 성실하게 연습하는 수고를 마다하지 않아야 한다. 이건 확실하게 보장된 결과에 비하면 아주 미미한 노력이라고 할 수 있다.

바느질하면서 느끼는 피로도 똑같다. 이렇게 말하면 과장이 아닌가 싶을 것이다. 하지만 잠깐 일을 멈추고 목 근육을 이완시키며 올바른 습관을 훈련해서 통증에서 벗어나기보다, 차라리 아픈 걸 감수하면서 바느질을 계속하는 사람이 열에 아홉이다. 그러다가 필연적으로 신경이 탈진 상태에 이른다. 이로 인해 이런저런 문제들이 뒤따르는 지경이 되면, 자기 연민도 모자라서 남들의 동정까지 받는다.

그리고 신은 왜 자신에게 이런 고통과 질병을 주는 게 최선이라고 생각했을까 고민한다. 최선이라고 생각하다니! 신은 그 누구에게도 고통을 주는 것이 최선이라고 생각한 적이 없다. 신은 위대한 법칙을 만들었으며, 그 법칙들은 온전하고 완벽하고 진실하다. 만약 누군가 그 법칙들을 어기면 대가를 톡톡히 치르는 것일 뿐!

그런데도 머리를 돌에 세게 찧고서 신이 왜 나에게 두통을 주었을까 고민한다. 어리석기로 따지면, 요즘 소위 말하는 기독교인의 체념이라는 것과 오십보백보이다. 물론 신체적으로 혹은 정신적으로 물려받은 질병으로 아플 때도 있다. 그러나 자연의 섭리는 오묘하다. 우리가 통찰력을 갖고, 유전된 기질과 기타 여러 요인으로 생긴 고통에서 벗어나려고 노력하여 나름대로 힘을 쌓아나가면, 나머지 모자라는 부분을 보상하면서 온전히 채워준다.

중용, 넘치지도 모자라지도 않는
그 지점을 찾아라!

● 글을 쓸 때도 신경은 불필요한 피로를 상당히 많이 느낀다. 바느질할 때처럼 폐가 갑갑하게 눌리는 자세 때문에 생기는 피로는 앞서 설명한 대로 호흡하면 막을 수 있다. 물론 바느질할 때나 글을 쓸 때 모두 폐를 압박하는 자세는 처음부터 피하는 게 상책이다. 하지만 숨을 길게 쉬어 몸을 편안하게 하는 것도 언제나 도움이 된다. 또, 한 자세로 오래 앉아 있어야 하는 이에게는 이런 호흡이 필수적이다.

평상시 신경의 긴장도가 그리 높지 않은 남자 혹은 여자도 글을 쓸 때 펜을 들고 있는 모습을 보면, 그것을 빼앗으려는 보이지 않는 어떤 힘에 맞서듯이 아주 꽉 쥐고 있다. 턱은 단단히 고정하고, 목구멍은 잔뜩 조이고, 혀나 그 근처에 있는 아무 상관 없는 신체 부위 어딘가에 잔뜩 힘이 들어간 채 글을 쓴다.

중용, 넘치지도 모자라지도 않는 그 지점을 찾으려면 추를 반대쪽 극단으로 밀어주어야 한다. 이 사실을 놓치고 있는 사람들이 많다. 글을 쓴다고 손을 웅크린 자세로 너무 오래 있다 보면 마비 증세나 통증이 생긴다. 이런 것들은 30분이나 1시간마다 한 번씩 손가락을 쫙 펴서 스트레칭을 하고, 근육들이 서서히 자연스럽게 이완하도록 해주면 미리 방지할 수 있다. 이 동작을 대여섯 번 해주고, 매번 스트레칭을 한 뒤에는 펜이나 연필을 살며시 쥐도록 노력해야 한다.

긴장한 자세에서 편안한 자세로 습관을 바꾸는 것은 그리 오래 걸리지 않는다. 그래도 혹시 늘 글을 쓰는 사람이라면 처음만큼 자주는 아니더라도 반드시 스트레칭을 적절히 해주어야 한다.

무거운 물건을 들어 올리거나, 환자를 간호하는 경우처럼 사람을 들어올려야 할 때는 다음과 같이 해야 한다. 두 발로 바닥을 단단히 딛고 서서 다리에 실린 인상력(引上力)에 생각을 집중하면 등에 가해지는 부담이 곧바로 줄어든다. 신경은 이처럼 효율적으로 사용하는 것이 가능하다.

예민한 척추를 무리하게 사용하면 신경쇠약의 원인이 될 수도 있다. 이것은 자명한 사실이므로, 발병을 근원적으로 차단하는 방법이기도 하다.

간호사들에게 이런 방식으로 환자를 들어 올리는 연습을 시키면서 전적으로 두 다리에 있는 근육만 사용해야 한다고 반복적으로 강조했다. 일단 이 새로운 방식을 우선 완전히 이해하기만 하면 된다. 그리고 나서 무거운 대상을 얼마나 가뿐히 들어 올릴 수 있는지

다들 실감하고 놀라니 참으로 기분 좋은 일이다. 여기서, 그리고 비슷한 다른 일을 할 때도 통하는 비법은 바로 신경의 힘이 아니라 근육의 힘을 사용하는 것이다. 지시하는 힘은 지시할 때 사용하고, 일하는 힘은 일할 때 사용하라.

POWER THROUGH REPOSE

VII

올바르게
걷는 법

● ● ●

● ● ●

야외에서 산책해도 새롭게 얻은 활기가
잘못된 곳에 낭비되면 정작 건강에 도움은 안 된다.
바람직한 목적을 달성하기 위해 사용할
활기가 부족하니 일은 시작도 못 해본다.
걸을 때는 근육만 사용하고,
무의미하게 신경의 힘을 사용하지 않는 법을
가장 먼저 배워야 한다.

무거운 것을 들어 올리는 이야기가 나온 김에 전신으로 주제를 옮겨 보자. 전신을 움직이는 가장 보편적인 행동인 걷기를 살펴보자.

완벽한 걷기의 리듬은 기분이 좋을 뿐 아니라 휴식이 된다. 일단 자연스러운 걷기가 가능해지면 두뇌의 피로를 근육의 피로로 푸는 것보다 더 상쾌한 방법은 없다. 하지만 우리는 걸으면서 자연의 법칙을 따르지 않고, 오히려 방해하기를 밥 먹듯이 한다.

여자들 – 아마 어느 정도는 드레스의 스타일 때문이겠지만 – 은 근육을 자유롭게 놓아주면 뿔뿔이 흩어지기라도 할 것처럼 몸을 단단히 모으고 있는 인상을 준다. 편안하게 앞으로 걸어가는 것이 아니라, 온몸이 조각조각 와르르 무너질까 조바심을 내는 듯 걷는다.

어깨와 엉덩이를 좌우로 흔들고, 어깨에서 아래로 꼿꼿하게 뻗은 팔은 걷다 보면 저절로 흔들리는 대로 편하게 내버려 두지 않는다. 그리고 아무런 규칙성 없이 앞뒤로 왔다 갔다, 고질적으로 움직임이 뻣뻣한 상태이다. 보통 여자들이 팔을 뻣뻣하게 고정하고 있는 데 드는 힘을, 전부 걷는 데 사용하면 5마일을 갈 힘으로 6마일을 가고도 남는다.

또 걸을 때도 목구멍에 있는 근육들까지 덩달아 돕겠다고 나선다. 무엇보다 허리 근육들이 쓸데없이 많은 힘을 소비한다. 다리가 하는 일을 돕겠답시고 있는 힘껏, 결코 적잖은 힘으로 밀고 있는 것이 금방 느껴진다. 그런데 실은 돕지 않는 편이 더 도움이 된다.

각자 맡은 일이나 챙기면서 다리가 편안하게 흔들리도록 내버려 두면 된다. 다리는 마치 어깨에서 바로 흔들리듯 앞뒤로 움직이고, 자연스러운 그 리듬이 그대로 다른 근육들의 움직임에도 반영되면 진정한 자유와 활력을 얻는다. 그런데 쓸데없이 힘이 들어가는 까닭은 물론 일하지 않아도 되는 부분의 신경이 긴장하기 때문이다. 그리고 힘을 사용하니 그 부분의 신경이 더욱 긴장하는 악순환이 벌어진다.

급하게 서두를 때는 신경이 아니라, 근육을 써야 한다

● 야외에서 산책해도 새롭게 얻은 활기가 잘못된 곳에 낭비되면 정작 건강에 도움은 안 된다. 바람직한 목적을 달성하기 위해 사용할 활기가 부족하니 일은 시작도 못 해본다. 걸을 때는 근육만 사용하고, 무의미하게 신경의 힘을 사용하지 않는 법을 가장 먼저 배워야 한다.

그런 다음, 혹은 이와 동시에 자연의 섭리에 따르도록 근육에 지시를 내려야 한다. 어쩌면, 우리는 아예 간섭하지 말아야 할지도. 자연이 직접 우리 근육에 지시를 내리도록 맡겨두라고 말하는 편이 더 정확할지도 모른다.

서두르는 것은 근육이 하는 일이지, 신경이 하는 일이 아니다. 특히 기차를 타려고 서두를 때 기차를 놓칠지도 모른다는 불안감으로 신경이 곤두서서 온갖 불필요한 긴장이 동반된다. 이러한 긴장은 서둘러 움직이는 데 도움이 되기는커녕 오히려 방해될 뿐이다.

앞서 마차와 관련해 언급한 법칙이 여기서도 똑같이 적용된다. 마차를 타고 갈 때는 그냥 마차에 조용히 실려 가면 되듯이, 걸을 때는 자기 몸에서 걷기를 수행하는 근육에 일을 맡겨두면 된다. 그러므로 어떤 일을 하든 급하게 서둘러야 할 때 신경은 그저 전달자 - 차분하고, 균형 잡힌 전달자 - 여야 한다는 사실은 매우 중요하다. 그래야만 근육들이 더욱 효율성 있고, 유능하게 일을 처리한다.

달릴 때 역시 불필요한 부분까지 긴장하는 실수를 저지른다. 비단 달릴 때뿐 아니라 모든 신체 활동에서 그렇다. 목적에 꼭 필요한 신경, 꼭 필요한 근육만 사용하는 법을 익히지 못하면 매번 똑같은 문제가 발생한다. 이런 활동들은 나중에 자연스러운 움직임으로 기운을 얻는 법을 이야기할 때 새로운 관점에서 다룰 기회가 있을 것이다. 지금은 그저 실수를 집중적으로 다루는 데 만족하도록 하자.

POWER THROUGH REPOSE

VIII
통증을
줄이는 법

● ● ●

　　　　　　　　● ● ●

치과 치료를 덜 힘들게 받는 데 필요한 원칙들은
다른 모든 통증에도 똑같이 적용된다.
신경이 개입하여 통증이 몇 배가 된 경우에 특히 도움이 된다.
우리가 몸을 긴장시켜서 견디려고 하는 통증에
어떤 것들이 있는지 구구절절 열거하는 것은
불가능할 뿐 아니라 무의미할 것이다.

통증을 견뎌야 하는 순간처럼 불필요하고 위험한 긴장이 빠르게 증가하는 경우는 없을 것이다. 통증은 꿋꿋하게 버텨야 한다는 생각이 일반적이다. 버티는 것으로 지독한 통증을 견디려고 시도하고, 마침내 그런 통증을 이겨내기까지 어마어마한 의지력이 동원된다.

그러나 막상 통증이 지나가고 난 뒤의 후유증을 보면 강인한 의지력을 얼마나 안타깝게 오용했는지 잘 드러난다. 후유증이 아예 없을 수는 없지만, 통증을 참는 동안 신경계에 가해진 압박이 심할수록 통증이 사라진 후 나타나는 부정적인 반응의 강도도 자연히 강해진다.

의료업에 종사하는 사람들은 이런 사실을 잘 안다. 통증을 겉으로 표현하지 않고 잘 참는 환자일수록 그 뒤에 겪는 반응이 고통스럽다는 것은 외과에서 진실로 통한다. 이 세상에는 견뎌야 할 고통이 많고 많다. 그러니 어떻게 하면 고통을 잘 견딜까 탐구해보는 것도 영 뜬금없는 일은 아닐 것이다. 더구나 이런 탐구의 결과가 현실에서 명백한 차이를 만들 수 있으니 말이다.

보편적으로 사람들은 두 주먹을 꼭 쥐고, 몸에 있는 온갖 근육들을 꽉 조여야 통증을 잘 견딜 수 있다고 믿는다. 더 나은 방법, 더 자연스럽게 견디는 방법이 있다고 말하면 사람들은 비웃으면서 이렇게 말할 가능성이 크다.

"아플 때 몸에 힘을 뺄 수 있는 사람은 참 좋겠군요. 그럴 수 있는 사람은 그러라고 하세요. 그런데 나는 못 해요. 이를 꽉 물고 견디는 게 나에겐 자연스러워요."

우리에게 자연스러운 것과 자연의 섭리에서 자연스러운 것은 뚜렷한 차이가 있다. 첫 번째 경우 '자연스럽다'라는 용어는 당연히 잘못 사용된 것이다.

치과 치료를 덜 힘들게 받는 데 필요한 원칙들

● 통증은 신경계의 어느 부분이 비정상적인 상태일 때 발생한다. 통증을 참기 위해 압박할수록 신경계는 더 예민해진다. 이 과민

한 상태는 통증의 원인이 된 신경에 곧바로 전달된다. 결국 통증은 더 심해질 수밖에 없다.

그렇다면 이런 과정을 뒤집어보자. 새로운 통증이 생기면 우리가 가진 억제력을 이용하여 신경계를 억압하는 게 아니라, 놓아줘야 한다는 신호로 받아들이는 것이다. 이렇게 신경계에 가해지는 압박을 줄임으로써 더 심한 통증에 노출될 가능성을 줄일 수 있다. 이 경우에도 통증을 느낀 이후 후유증이 나타날 수 있다. 그러나 이 후유증은 통증 자체에서 비롯된 것일 뿐, 그것을 참는 과정에서 발생한 비정상적인 긴장에서 유발되는 것이 아니다.

긴장을 이완시키려고 두뇌가 활동하면 그 결과로 신경이 긴장할 수 있지 않을까. 이런 이의를 제기할 수도 있을 것이다. 맞는 말이다. 그런데 전신에 긴장이 계속될 때처럼 긴장의 정도가 심하지 않다. 통증을 편안하게 견디는 법을 익히고 나면 그런 신경의 긴장은 갈수록 약해진다. 이완하는 방법을 써 보고, 그 효과를 곧바로 체감한 사람은 신경의 긴장이 훨씬 빨리 줄어든다. 올바른 길을 알게 되고 새로운 깨달음을 얻었으니, 당연히 더 편한 길로 꾸준히 걸어갈 용기가 생겼기 때문이다.

꿋꿋하게 버티는 것도 어느 정도 할 줄 알아야 견디기 쉬워지는 통증이 있다는 것을 안다. 그런 경우라도 고요하고 편안하게, 자연스럽게 통증을 견뎌야 한다는 사실을 명심해야 한다. 그래야만 통증을 버티는 과정에 동원되는 근육들이 평형을 잃지 않고, 불필요한 긴장 없이 우리가 원하는 결과를 얻을 수 있다.

몸을 이완시켜야 더욱 편하게 통증을 견딜 수 있는 가장 단순한 상황이라면 치과 의자에 앉아 있을 때를 꼽을 수 있다. 우리는 대부분 팔걸이를 움켜쥐고, 두 발을 뻗대고 의자에 몸을 맡기지 않으려고 갖은 노력을 다한다. 곧 닥칠 통증에 대비하느라 온몸의 신경이 모조리 생생하게 깨어있다.

치과에서 느끼는 이런 긴장이 한 시간 정도 계속되면 얼마나 피곤한지 굳이 설명하지 않아도 너무 잘 알고 있을 것이다. 치과에서 느끼는 신경의 피로감은 대부분 실제로 느끼는 통증보다 통증을 예감하면서 신경에 불필요한 과부하가 걸리기 때문이다.

의자에 온몸을 축 늘어뜨리도록 노력해보면, 비록 부분적으로만 성공해도 결과가 그 사실을 입증한다. 이런 자세는 치과 공포증 - 모르는 사람이 없는 그 특유의 두려움 - 을 없애는 사전 조치로도 활용할 수 있다. 공포는 신경을 긴장시키고 근육을 수축시킨다.

만약 우리가 근육의 긴장을 풀고 신경도 편하게 쉬도록 두면, 다시 말해 결과에서 원인으로 거슬러 올라가면 공포를 유지할 신경도 근육도 없어진다. 적어도 신체적으로 보자면 공포가 머물 곳이 사라지는 셈이다. '적어도 신체적으로 보자면'이란 구절에 주목해야 한다. 결과에서 원인으로 거꾸로 되짚어 들어가다 보면 완전한 성취를 이루기 위한 근본 이치와 마주치기 때문이다.

두려움으로 인한 신경 긴장에서 벗어나려고 종일 몸을 이완시켰다고 치자. 그런데 만약 내 마음이 곧 죽어도 두려움을 놓지 않으려고 고집한다면, 신경과 근육을 기껏 풀어놓아봤자 제어 능력이 형편없는 불안정한 마음에 의해 더 쉽게 긴장한다.

몸과 마음을 정상적인 상태로 끌어올리도록 훈련하기 위해서 교사는 우선 몸부터 단독으로 시작해야 하는 경우가 많다. 그러면서 교사 자신의 마음을 이용하여 학생들이 깨달음을 얻도록 이끌어야 한다. 그러다가 학생이 몸과 마음의 균형을 이루면 스스로 습관을 키우도록 해주어야 한다.

통증을 견디기 위한 최고의 방법

● 치과 치료를 덜 힘들게 받는 데 필요한 원칙들은 다른 모든 통증에도 똑같이 적용된다. 신경이 개입하여 통증이 몇 배가 된 경우에 특히 도움이 된다. 우리가 몸을 긴장시켜서 견디려고 하는 통

증에 어떤 것들이 있는지 구구절절 열거하는 것은 불가능할 뿐 아니라 무의미할 것이다.

우리는 통증 – 치과 치료에서부터 극심한 고통이나 가장 힘든 수술까지 – 에 관한 한, 각자 자기만의 선호가 있다. 저마다 통증을 견디기 위한 최고의 방법을 택하면 된다. 여기서 수술 전에 쓰는 마취제를 언급해도 맥락 없는 이야기는 아닐 것이다.

몸과 마음을 고요하고 편안하게 해서 그 과정을 받아들이면 효과는 더 빠르고 만족스럽다. 반면, 부작용은 줄어든다. 마음도 몸도 편안히 마취제를 받아들이면 된다. 겉으로만 억지로 평온을 유지하면서 심적으로 두렵고 흥분되면, 마취로 의식을 잃어서 수의근을 조절할 수 있는 능력이 사라지는 순간 뇌에 각인된 두려움의 영향이 발현된다. 그리고 그만큼 심하게 몸부림치고 저항한다.

질병이 통증 아닌 다른 형태로 나타날 때 역시 휴식(이완)의 법칙들이 적용된다. 어떤 병이든 두려움, 불안, 짜증 등으로 신경이 곤두서면 금방 악화한다. 심한 감기에 걸려 필요 이상으로 오래 앓는 여성을 본 적이 있다. 자기 상태를 두고 계속 조바심을 내는 바람에 신경이 만성적으로 곤두서 있기 때문이었다.

차마 웃지 못할 또 다른 사례에서 어느 환자는 숨 돌릴 틈도 없이 이 치료법, 저 치료법을 바꿔대는 것으로 짜증을 표현했다. 한 가지 치료법의 효과를 확인할 때까지 기다리는 인내심도 없이 바로 다른 치료법으로 갈아타곤 하다가, 결국 감기로 엉망진창이 되는 바람에 완치되기까지 몇 주나 걸렸다. 그리 드문 경우도 아니고 감기에만 국한된 이야기도 아니다.

이처럼 자신의 고통을 증폭시키기도 하고, 질병이 잘 낫지 않고 필요 이상으로 오래가도록 만드는 잘못된 방식은 '공감'이라는 핑계로 주변에 있는 친구들만 점점 더 괴롭힌다.

POWER THROUGH REPOSE

IX

우리가 일상적으로 겪는
'거짓 감정들'

● ● ●

• • •

"나는 도저히 못 참겠어."

"나 감기 걸리겠어."

"내가 얼마나 괴로웠는지 너는 모를 거야."

그걸 우리가 꼭 알아야 하는가?

그걸 알아서 당신의 괴로움을 덜어 줄 수 있다면 모를까.

그렇게 계속 이어진다. 내가 이랬다, 내가 저랬다.

나는 이렇다, 나는 저렇다. 영원히 계속한다.

'나'를 많이 찾을수록 신경쇠약이 가까워진다.

● 과장된 감정, 불필요한 감정, 거짓 감정 등이 원인이 되어 신경의 힘을 오용한 결과가 가장 고통스럽다. 우리는 모두 자신만의 감정 현미경이 있다. 이 현미경에 달린 렌즈의 성능은 그 사람의 신경계가 얼마나 과민한가에 비례한다. 지극히 사소한 원인이 지극히 사소한 결과로 이어져 발생한 감정은 워낙 희미하다. 그러므로 거의 인식하지 못하는 게 정상이다.

그런데 조금만 피곤해도 그런 감정조차 몇 배로 확대된다. 피곤한 정도가 아주 심할 때는 감정의 증폭 과정이 멈추지 않는다. 그래서 결국 이런저런 고통에 시달리다가 제풀에 병이 들고 만다.

감정을 증폭시키는 주범이 항상 신경의 피로인 것은 아니다. 많은 사람이 감정 돋보기를 물려받고 태어나서 죽 지닌 채로 세상을 살면서 불필요한 고통을 얻기도 하고 주기도 한다. 편견 없는 시각으로 살지 못하는 까닭에 인생의 기쁨을 절반도 누리지 못한다. 그렇게 지친 자들이 1분만 멈춰서 자신이 지닌 올바른 지각의 힘을 이용한다면 어떠할까. 그리하여 자신의 비뚤어진 상태를 자각하고 제대로 인식함으로써 더 나은 상태로 옮겨갈 준비가 된다면? 신경의 피로로 감정이 과장된 사실을 깨닫기가 얼마나 쉬운지 모른다.

이렇게 깨닫고 나면 자신이 지닌 감정의 돋보기를 내려놓을 기운이 생길 때까지 기다린다. 그래서 신경의 흥분에 좌지우지되어 생기는 온갖 부정적인 영향을 피할 수 있다. 더 나아가 감정을 증폭시키는 타고난 기질을 꿰뚫어 보는 눈이 생기기도 한다. 이 기질을 어느 정도 극복하여 삶이 새롭게 느껴지는 것도 충분히 가능하다.

이것은 그 사람 본인만 할 수 있는 일이다. 잘못된 점을 제대로 자각하고 거기서 벗어나기 위한 능동적인 발걸음이 있어야만 가능한 일이다. 무슨 말을 해도, 어떻게 설득하거나 가르쳐도 본인이 자각하지 못하면 소용이 없다. 불필요한 고통에 시달리는 친구를 보고, 짧은 생각에 그 친구가 가진 감정의 돋보기를 강제로 빼앗으려고 들면 어떠할까. 오히려 돋보기를 쥔 손에 힘이 들어가고 증폭시키는 힘만 높아질 뿐이다.

세심하고 꾸준하게 신체를 단련하면 건전한 철학을 실행할 수 있는 길이 열린다. 그리하여 돋보기를 쥐고 있는 데 일조하던 외적인 긴장이 완화되면 돋보기는 저절로 버려진다.

거짓 감정의 실체를 마주하라

● 감정은 증폭된 것이 아니라, 애초부터 상상의 산물인 경우도 적지 않다. 이런 거짓 감정보다 더 부지런하게 말썽을 피우는 골칫덩어리도 없다. 이 골칫덩어리가 마음껏 파괴력을 발휘하는 최적의 영역은 여러 가지 형태로 나타나는 병적인 집착, 흔히 종교라고 부르는 것이다. 개인의 비정상적 애착이 사랑과 무관하듯, 병적인 집착 역시 진정한 의미에서의 종교와 무관하다.

사랑과 종교, 이 두 가지는 진심으로 가슴 깊이 느끼면 인생을 살아가는 우리에게 가장 큰 힘이 되고, 우리를 더욱 강하게 만들어 주기도 한다. 하지만 이 두 가지가 병적인 상태나 비정상적인 신경 흥분을 통해 왜곡되고 거짓으로 꾸며지는 경우가 가장 흔하다는 사실은 주목할 만하다. 거짓 감정은 너무나 완벽하게 현실적인 이미지를 띠기 일쑤여서 감정을 느끼는 당사자마저 깜빡 속는다.

겉으로 보기에 믿음이 깊은 사람에게 그 신앙심이 거짓 감정이라고 말해주면 어떨까. 상상도 못 할 만큼 놀라고, 종교에 집착하는 마음만 더 키울 뿐이다. 참되고 건전한 신앙심은 거짓 믿음과 방식이 같다. 그러나 이 두 가지는 다음과 같은 면에선 서로 확연한 차이를 보인다. 거짓 믿음을 가진 자들에게 종교는 누가 더 잘 해내는지 경쟁하여 얻어내는 성취이다. 반면, 참된 신앙심을 가진 자들에게 종교는 꾸준히 성장하는 건전한 힘이다.

고백하건대, 거짓 감정에 기인한 신경 긴장은 여성에게 더 흔하다. 특히 여학교에서는 위험할 정도로 만연해 있다. 그러므로 거짓 감정을 억제하고 진짜 감정을 발달시키기 위해 모든 교사가 사려 깊은 자세로 묵묵히 노력해야 한다.

소녀들을 잘 아는 사람이라면 그들의 섬세한 신경계가 비뚤어진 감정적 흥분 때문에 약해지면 얼마나 해로운지 깊이 공감할 것이다. 이런 감정은 소녀들에게 너무나 생생하고 진짜처럼 느껴지지만 전부 가짜이다. 진짜라고 느끼는 그 소녀의 마음을 최대한 존중하면서 그것이 가짜라고 본인 스스로 깨달을 때까지 잘 이끌어야 한다. 일단 감정이 가짜라는 것을 깨닫고 나면, 거기서 벗어나려는 건강하고 진심 어린 욕구가 생겨난다.

강한 매력이 있고, 존경과 헌신을 받길 좋아하는 여성이 교사로 일하는 학교에서는 소녀들이 그 교사에게 푹 빠지기 쉽다. 그러면 결국 온 학교가 만성적인 히스테리 상태에 빠지고 만다. 교사에게서 이 감정이 충족되지 못하면 같은 학교 학생으로 감정의 대상이 바뀌기도 한다. 이런 분위기가 지배적인 학교에서는 기질적으로 냉담하거나 둔한 학생을 제외하고는, 펑펑 운다든지 하는 히스테리 증상이 학생들 사이에 두루 나타난다.

계속 대상을 바꿔가며 병적인 집착을 이어가다가, 종국에는 올바르고 건강한 애정을 품을 힘을 아예 잃어버리는 소녀들도 적지 않다. 이상한 일이지만, 이렇게 집착하는 과정이 계속될수록 심장은 점점 무뎌진다. 여자든 남자든 똑같다.

이 사람, 저 사람에게 애정 아닌 애정을 쏟다 보면 결국 지각이 무뎌지고 심신이 전부 약해진다. 술이나 커피 같은 자극 성분에 습관적으로 노출되면 점점 둔해지는 것과 정도의 차이는 있을지라도 이치는 같다고 볼 수 있다.

가장 비정상적인 감정 상태, '사랑에 빠지는 것'

● 가장 비정상적인 감정 상태는 자신이 사랑에 빠졌다고 믿는 여자 – 간혹 남자도 – 에게서 나타난다. 그들이 경험하는 사랑의 고통은 너무나 사실적이다.

"당신은 저 남자를 사랑하는 게 아니에요. 자신의 감정을 사랑하는 거죠. 더 매력적인 상대가 나타나면 당장 그 사람 때문에 사랑의 고통을 느끼게 될 거예요."

이렇게 말하면 너무 잔인하게 들릴지도 모르겠다. 구구절절 말해봐야 소용없다. 그저 본인 스스로 잘못을 깨달을 때까지 찬찬히 인도하다 보면, 이전까지 영락없이 진짜로 느껴지던 헛된 감정에 스스로 웃음마저 나올 지경이 될 것이다.

거짓 감정과 그로 인한 신경의 흥분, 혹은 신경의 흥분과 그로 인한 거짓 감정 때문에 어리석은 짓, 제정신이 아닌 짓을 얼마나 많이 저지르는지!

가장 먼저 할 일은 신경의 힘이 병적으로 발현되는 길을 바꿔주는 것이다. 건강한 배출구를 열어주고, 건전한 길로 작용하도록 인도해야 한다. 그런 다음 당사자가 제대로 제어할 수 있고, 올바르게 이해하도록 도와주면 신경이 가진 놀라운 힘을 건강하게 사용하는 법을 터득할 것이다.

승마해도 좋고 수영도 괜찮다. 좋은 공기를 마시며 건전한 재미를 얻고, 운동도 되는 어떤 활동이라도 변화의 시발점이 될 수 있다. 신선한 공기를 실컷 마시고, 운동도 재미있게 충분히 하고 나면, 쥐나 해충을 털어버리듯 병적인 감정도 초기에 훌훌 털어버릴 수 있다.

신경의 힘이 잘못된 길로 발현되면 어떤 결과를 초래하는지 자세히 알고 싶다면 러디어드 키플링(『정글북』을 쓴 영국의 소설가-역주)이 쓴 『In the Matter of a Private』보다 실감 나게 묘사된 자료는 없다.

진짜 감정은 괴로운 것이든, 기분 좋은 것이든 새로운 힘을 얻는 원천이 된다. 거짓 감정은 본인이 그것이 가짜임을 깨닫고 신경을 좀먹는 거짓 감정에서 자발적으로 벗어나지 않는 한 예외 없이 신체적, 정신적으로 그 사람을 나약하게 만든다. 별다른 이유 없이, 여러 주 혹은 여러 달 동안 거짓 감정에 사로잡혀서 불필요한 신경 흥분에 시달린 것만으로 처절하게 무너져버린 어느 여성을 목격하는 것은 이루 말할 수 없이 슬프다.

어머니들과 교사들에게 어린 소녀의 감정이 건전하게 유지되는지 유심히 지켜봐야 한다고 참 많이도 강조하고 싶다. 그래야만 그 아이들이 강인한 정신력과 올바른 공감 능력을 지니고, 건강한 감성의 소유자로 성장할 수 있기 때문이다.

'마른 주정'과 '거짓 공감'

● 주로 대학가에서 사용하는 용어 가운데 심각한 신경 흥분과 제어력 결핍 상태를 가장 적나라하게 묘사하는 말이 있다. 바로 '마른 주정(dry drunk)'이다. 여자들의 거짓 감정은 술에 취한 것과 다를 바 없고, 신경쇠약은 진전섬망(전신의 떨림과 의식장애를 일으키는 알코올 금단 증상-역주)과 같은 게 아닌가 하는 생각을 자주 한다.

정서적 흥분이 원인이 되어 겪는 고통 가운데 적지 않은 부분이 타인을 향한 잘못된 공감에서 비롯된다. 어떤 사람들은 친구가 늪에 빠지면 자신도 반드시 같이 빠져야 한다는 신념을 갖고 사는 것처럼 보인다. 만약 친구가 허리까지 빠져있으면 자신은 아예 목까지 푹 빠지는 것으로 우정을 과시한다. 그러나 친구가 깊이 빠져있으면, 그럴수록 나는 친구가 빠져나오는 것을 도울 수 있게 더 단단한 바닥 위에 머물러야 한다. 내 손을 내밀 수 없는 경우도 이따금 생긴다. 그럴 땐 친구를 위험에서 확실하게 구하기 위해 장대를 써야만 할 때도 있다. 정신적 수렁, 도덕적 수렁, 그리고 무엇보다 신경의 수렁도 똑같다. 그런데 사람들은 장대를 사용하는 것을 별로 탐탁지 않게 여긴다.

친구가 우는데 같이 울지 않고, 친구가 한탄하는데 같이 한탄하지 않고, 친구가 빠져있는 슬픔에 같이 뛰어들지 않으면 비난을 각오해야 한다. 슬픔에서 벗어나는 데 실질적인 도움을 주기 위해 슬픔의 수렁 밖에 서 있으면 공감할 줄 모르는 냉정한 사람이라고 친구는 물론이고 친구의 친구까지 나서서 비난한다. 사람들은 당신이 장대를 내려놓고 같이 늪에 빠지지 않는다는 이유로 당신이 내미는 장대의 반대쪽을 잡으려고 하지 않는다.

그릇된 공감이 왜 극심한 신경 긴장을 유발하는지 이해하긴 어렵지 않다. 어느 대도시 병원의 수간호사가 저녁을 먹다가, 사고를 당해 들어오는 환자를 보고 다른 간호사들이 어수선해지는 바람에 잠시 식사를 중단해야 했다. 그 환자가 시야에서 사라진 후 간호사들은 동정심으로 식욕을 잃었다. 수간호사는 그들에게 그 환자가 정말로 가엾다면 저녁을 먹고 기운은 내어 환자를 잘 돌보라고 훈계했다. 동정심으로 신경을 혹사하는 많은 이들에게 교훈이 될 만한 이야기다. 물론 너무 감정이 무뎌져서 아무것도 느껴지지 않아 '저녁을 먹는' 사람, 동정심은 오직 자신을 위해서만 쓰는 사람도 있다. 그러나 강하고 건강한 공감 능력과 감정이 결여된 이기적인 경우는 구별하기 쉽다. 거짓 공감과 진정한 공감도 쉽게 구별된다. 거짓 공감은 신경의 힘을 빼앗아가고, 진정한 공감은 남에게 베풀 수 있는 올바른 힘이 새로 생기도록 한다.

'안을 보지 말고 밖을 보라.
아래를 보지 말고 위를 보라. 그리고 손을 내밀어라'

● 우리가 피해야 신경 긴장의 종류는 많지만, 각별하게 그리고
철저하게 피해야 하는 거짓 공감을 잘 파악하고 벗어나도록 하자.
당연한 말이지만, 거짓 감정은 언제나 그릇된 방향으로 사용되
는 힘이다. 그러나 신경의 힘을 사용하지 않고 너무 내버려 두다가
결국 신경쇠약에 걸리는 사람도 가끔 눈에 띈다. 주로 자신의 인생
을 충만하게 채울 만한 재미와 일이 모자라고, 타인을 위한 일이나
자선 활동에는 주의를 기울여볼 생각을 못 했거나 그럴 의지가 없
는 사람들이다. 비유하자면, 증기 엔진에 불을 활활 피워서 보일러
는 증기의 힘을 주체하지 못하고 마구 떨리는데 동력으로 배출되지
못하는 상태와 같다.
한 젊은 아가씨가 보기 드물게 이런 경우였다. 이 아가씨는 자라
는 동안 신경이 병약하여서 신경쇠약도 한 차례 앓았다. 그리고 두
번째 발병이 예감되던 차에, 자신의 신경이 가진 힘을 제어할 수 있
는 법을 익히기 시작했다. 이 아가씨는 자기 몸을 제대로 쓸 수 있
자, 당장 그 능력을 사용하기 시작했다. 처음에는 조금씩, 조금씩,
그러다가 점점 더 많이. 그러다 보니 어느덧 남들이 힘에 부쳐서 포

기하는 일까지 견뎌낼 만큼 강해졌다.

이 사례에서, 실은 모든 사례에서 인생을 주관적이 아니라 객관적으로 보는 것이 도움이 된다.

'안을 보지 말고 밖을 보라. 아래를 보지 말고 위를 보라. 그리고 손을 내밀어라.'

이 모토를 조금씩, 점진적으로 그러나 확실하게 따르다 보면 '아메리카니티스'도 예방하거나 치유될 수 있다.

무엇보다 분별력과 세심한 주의를 기울여서 평형을 유지해야만 한다. 타인에게 무관심한 것보다 그릇된 헌신이 신경의 긴장과 온갖 병증을 유발하는 경우가 훨씬 빈번하기 때문이다. 스스로 친구를 위한 '신의 특별한 뜻'이 되기 위해 애쓰는 사람들이 많다. 이러한 근시안적 자기희생이 어리석을 뿐 아니라 이기적이라고 말하면 너무 심한 말로 들리겠지만, 조금만 생각해보면 수긍할 수 있다.

친구를 위해 무리하다가 건강까지 상하는 사람이 있다. 그런 지나친 헌신은 오히려 친구를 괴롭히는 일이 되기 쉽다. 설사 친구에게 도움이 된다고 해도 자기 건강을 잃으니 얻는 것보다 잃는 게 훨씬 크다. 작은 것을 얻자고 큰 것을 잃어버린 셈이다.

"내가 옳은 일을 하려고 얼마나 애쓰고 있는지 모를 거예요."

긴장한 표정, 들뜬 목소리로 이렇게 말하는 사람들은 너무나 많다. 너무 지나쳐서 결국 실패하고 마는 과도한 야망이 뭔지 그들이 안다면 어떨까. 너무 무리하는 것이 오히려 성과를 가로막는 일임을 깨닫고, 무슨 일을 하든지 '긴장을 풀고 편안한 상태'로 시도한다면 그 성과는 비교가 안 되게 클 것이다.

분노가 슬슬 고개를 들면 '놓아 버려라'

● 신경의 흥분으로 가장 지독하게 고생하는 경우는 자신의 감정을 무조건 억누르는 사람들이다. 감정을 억누르면 신경의 긴장이 극도로 심해진다. 생생하게 느끼고 있는 두려움을 속으로만 억누르다가, 마취제에 취하여 수의근이 이완되는 순간 뇌에 각인된 감정이 맹위를 떨치게 되는 사례와 다를 게 없다. 감정을 억누르고 있는 사람이 의식적으로 근육을 이완시키면 신경의 흥분이 마치 작은 화산처럼 외부로 분출되므로 본인도 깜짝 놀랄 지경이다.

진정한 자제력과 단순히 감정을 억누르는 것의 차이는 모든 자연적인 것과 인공적인 것의 차이가 그렇듯이 가늠할 수 없이 크다. 진정한 자제력을 발휘하여 꾸준히 길러지는 힘은 말로 설명할 길이 없으니 실제로 겪어봐야 한다.

성미를 꾹 참고 있던 차에 뭔가 계기가 있어 말문이 툭 터지면 걷잡을 수 없이 폭발한다는 것을 잘 알고 있을 것이다. 거친 말을 한바탕 쏟아내고 나면 느껴지는 후련한 기분도 굳이 따로 설명할 필요가 없다.

말 한마디 하지 않고도, 그저 근육들을 이완시키고 흥분한 신경들을 해방하면 후련한 느낌이 훨씬 강하게 오래 계속된다고 말하면 너무 맥없이 들리겠지만 실제로 그렇다. 신체적 관점에서 보자면 화를 확실하게 다스리는 유일한 방법이기도 하다. 또 이런 방법으로 성미를 다스리면 그 원천이 되는 정신과 능력, 그리고 기운을 그대로 보존할 수 있다. 그리고 인생에서 더 많은 것을 얻을 수 있으니 맥없는 것과는 한참 거리가 멀다. 마구 성질을 부리다가 기운을 소진하고 결국 신경의 힘이 빠져서 지치는 일도 없다. 과학적이진 않더라도 현시적으로 표현하자면, 화를 가만히 두라는 것이다. 화가 당신의 신경을 스쳐 지나서 멀리 가버리도록. 그럼 자기도 모르게 화가 밖으로 터져 나오는 일은 없다. 그게 어디 있는지 잘 알고 있을 테니 말이다. 그렇게 되면 화를 억누르거나 표현하는 데 들어가는 신경의 힘을 아껴서 다른 나은 일에 사용할 수 있다.

독자는 그게 말처럼 쉬운 일이 아니라고 항변하고 싶을 것이다. 인정한다. 화를 잘 다스리고 싶은 욕심은 우리 대부분이 갖고 있다.

당장 성공하길 기대할 수는 없지만, 꾸준하게 연습하다 보면 우리가 미처 알아차리기도 전에 놀라운 결과를 얻을 수 있다. 다만 우리의 목표가 정확하게 무엇인지, 그것을 어떻게 이룰 것인지 제대로 이해하고 있어야 한다. 그것은 어려운 일이 아니다. 그리고 일단 인식이 이루어지면 실제적인 성과와 함께, 그 인식도 꾸준하게 깊어진다.

분노가 슬슬 고개를 들면 '놓아 버려라'는 지침을 상기하는 계기로 삼으라. 그러나 당신은 놓아버리기 싫다고 버틸 것이다. 이런 방식으로 해소하는 것이 당신의 할아버지의 할아버지, 할머니의 할머니들에게 생소했기 때문이다. 분노를 말로 쏟아내면 속이 후련해지기도 하지만, 기분이 매우 나빠지는 경우가 더 많다.

다른 사람들에게 준 상처를 생각하면 그 나쁜 기분이 더욱 심해진다. 가만히 가라앉히면 괴로운 부작용 없이 분명하게 해소된다. 그뿐 아니라 우리가 느끼는 분노가 정당한지 부당한지 판단할 수 있고, 분노의 원인을 어떤 식으로 처리해야 하는지 알 수 있을 만큼 머리가 맑아진다.

짜증을 대하는 우리들의 방식

● 사소한 짜증도 같은 방식으로 대응할 수 있다. 고통을 마주할 때와 마찬가지로 짜증이 나면 몸과 마음을 편히 이완시키는 것이 처음에는 불가능해 보인다. 하지만 일단 루비콘강(한 번 건너면 돌이킬 수 없는 지점을 비유적으로 일컫는다-역주)을 건너면 짜증을 오래 낼 수가 없다. 그러지 않는 편이 훨씬 쉽고 편하기 때문이다.

누군가에게 분노를 터뜨리고 싶거나 짜증이 치밀어 오르려고 할 때 몸을 이완시키는 간단한 동작을 하면 효과가 있다. 그러나 남 보기에 정말 우스꽝스러울 것이다. 따라서 이완하는 동작은 방에서 혼자 하라. 그리고 밖에서 필요할 때 그 기억을 떠올리면 구경거리가 되는 것은 피하면서 몸을 이완시켜서 만족스러운 결과를 얻을 수 있다.

간혹 생각을 딴 데로 돌리면 분노나 짜증에서 벗어날 수 있다고 말하는 사람들이 있을 것이다. 이 방법은 어느 선까지만 효과가 있을 뿐, 그 이상은 힘들다. 이것만 봐도 스스로 제어하는 최고의 방법이 뭔지 입증되는 셈이다. 생각의 전환은 신경의 흥분을 해소하고 주의를 다른 방향으로 돌린다. 몸을 이완시키는 것도 똑같은 방식이라고 할 수 있다.

누군가 짜증을 낼 때 같이 짜증으로 대응하지 않도록 자신을 제어하는 것은 자신의 화를 제어하는 것보다 훨씬 빠르고 쉽다. 상대방이 화를 내거나 짜증을 부리면 똑같이 하고 싶은 충동이 드는 것은 우리 모두 아는 사실이다.

하지만 우리가 상대방의 분노나 짜증을 복제하지 않고 고요하게 심신을 이완함으로써 우리 자신은 물론이고, 화를 낸 당사자까지 결국은 편안해지는 경험을 아직 해보지 못한 이들이 많다. 그러면 마음이 여유로워지는 것은 말할 것도 없고 맑은 정신을 유지할 수 있다. 게다가 신경이 긴장하는 것도 피해서 가는 길이니, 그만큼 신경쇠약에 걸릴 가능성도 작아진다.

이런 제어력을 키우는 실제적인 방법은 무얼까. 바로 신체 훈련을 통해 자신의 의지에 따라 몸을 이완시키는 능력을 키우는 것이다. 그러면 신경과 근육이 자연스러운 상태, 건강하게 평형을 이룬 상태를 유지하는 힘도 길러진다.

걱정을 억지로 밀어내지 마라

● 개인적으로 예민한 성향은 상당 부분이 신경 긴장의 한 형태이다. 이러한 예민함을 해결한 어느 개인의 사례는 치료 방법이 좀 우습기는 해도 이해를 돕는 데 더없이 완벽하다 그러므로 언급할 만한 가치가 있다.

마음에 상처를 받아서 큰 고통을 겪은 여성이 나에게 조언을 구하러 왔다. 나는 그녀에게 무슨 말이든 상처가 되는 말을 들으면 곧바로 자신의 두 다리가 아주 무겁다고 상상하라고 말해주었다. 이렇게 하니 몸의 근육들이 이완되고 신경이 자유로워졌으며, 그녀의 예민한 감정이 발단되어 생기는 긴장이 해소되었다. 그것은 그녀에게 놀라운 치료법이었다. 탁자가 무겁다, 의자가 무겁다고 상상하거나, 생각을 다른 방향으로 돌리는 것은 도움이 되지 않았을 것이다.

그녀에게 필요한 건 본인의 몸을 이완시켜서 얻는 효과였다. 그리고 두 다리가 무겁다고 열심히 생각하면서 그것을 얻을 수 있었기 때문이다. 그녀의 예민한 성향이 아주 심각한 상태는 아니었다. 그랬다면 단순히 외적인 긴장 완화만으로 해결되지 않았을 것이다. 그러나 정신이 더욱 고차원적인 이치를 실현하는 데 외적인 과정도 큰 도움이 되는 것만은 분명하다.

자의식은 물론이고 그것과 결부되어 나타나거나 뒤따라 나타나는 온갖 부작용은 신경 긴장이 주범이다. 자기 몸을 다스리는 법을 배우는 사람은 너무나 쉽게 그런 증상에서 벗어날 수 있어서 가끔은 기적처럼 느껴질 정도이다.

걱정은, 현실적인 근거가 있는 큰 걱정부터, 자잘하지만 내내 뇌리를 떠돌며 괴롭히는 통에 장시간 노동하는 것보다 더 신경계를 지치게 하는 잔걱정까지, 너무나 할 말이 많다. 하지만 지루하기만 할 뿐 자세히 언급할 필요는 딱히 없다. 옳은 방향을 보고 있는 사람이라면 단 몇 마디 조언만 해주어도 나아질 수 있다. 그러나 그렇지 않은 사람에게는 아무리 길게 이야기해도 소용이 없다.

잔걱정은 사람을 가장 지치게 한다. 하지만 다행히 가장 쉽게 해결되는 문제이다. 잔걱정은 예외 없이 근육의 수축을 동반한다. 수축한 근육을 이완하면 통로가 열리는 셈이니 거기로 걱정이 빠져나간다. 전혀 과학적이지 않은 표현이란 사실은 알고 있다. 흔히 말하는 '오리 등에서 물이 또르르 굴러 내리듯 근심이 사라진다'는 표현도 같은 의미다.

어떤 사람은 근심이 미끄러져 내리기에 매우 적합한 등을 갖고 있다. 근심이 들러붙는 등을 가진 사람이라면 적절한 체질이 되도록 자신을 개조할 수 있다. 이 둘의 차이를 깨달으면 보상은 실로 막대하다.

걱정을 억지로 밀어내지 마라. 그것을 극복하려고 노력하면 할수록 몇 배로 부풀기만 한다. 노력은 긴장을 부르니, 결국 걱정이 불러온 긴장에서 벗어나기가 더 힘들어진다. 걱정은 무시하고, 그저 가만히 근육을 이완시키며 신경을 고요히 잠재우면 놀랍게도 걱정이 사라진다. 이 순간이 바로 넓은 안목으로 사고력을 발휘할 때이다. 걱정이 얼마나 소용이 없는 건지 깨닫게 된다. 그리하여 걱정으로부터 자유로워진다.

대부분 사람은 근육을 이완하는 처음 시도에서, 혹은 두 번째, 혹은 아홉 번째 시도에서 걱정이 사라지진 않는다. 특히 걱정을 사서 하는 사람은 더욱 그렇다. 이완하는 법을 배우려면 오랜 시간이 걸린다. 그러나 한번 배우고 나면 도움이 되는 것이 너무나 확연하다. 그러므로 진정으로 자유로워지길 원하는 사람이라면 그 길을 계속 간다.

걱정을 끼고 사는 사람에게, 앞서 언급한 상처를 잘 받는 여성에게 효과가 있었던 그 조언을 하면 역시나 우습게 들릴지 모른다. 그러나 많은 사례에서 이 방법이 대단히 유용하게 쓰이는 것은 분명하다. 걱정이 들기 시작하면 당신의 두 다리가 아주 무겁다고 상상하라. 걱정이 줄어드는 것을 보고 당신보다 옆에 있는 친구들이 더 감탄할 것이다. 그리고 당신이 얻는 만큼 그들도 얻는 게 분명 있을 것이다.

몸은 마음의 명령을 따르도록 훈련해야 한다

● 우리를 강력한 힘으로 장악하는 온갖 감정적 동요, 신경의 힘을 잘못 사용하는 경우에 불과한 그 예들을 늘어놓자면 책 한 권은 거뜬히 채운다. 아마도 지금까지 가장 흔한 문제들을 다룬 내용이 각자 자신들이 그런 방면으로 겪고 있는 독특한 문제를 이해하는 데 많은 도움을 줄 것이다. 세심한 신체 훈련을 통해 지금보다 나아지기가 얼마나 쉬운지 어느 정도라도 전달이 되었다면 나는 더 바랄 게 없다.

몸은 마음의 명령을 따르도록 훈련해야 한다. 마음은 몸에 따를 만한 가치가 있는 명령을 내리도록 훈련해야 한다.

인생에서 진실한 감정은 너무나 심오하고 특별한 힘의 원천이다. 그 진실한 감정이 거짓 감정이라고 부를 뿐, 달리 이름 짓기가 어려운 부적절한 신경의 흥분 상태에 가려서 밀려나게 둘 수는 없다. 만약 우리가 이 사실을 더욱 폭넓게 이해할 수 있다면, 우리 아이들이 병적인 감정을 피할 수 있는 건강한 자세를 갖도록 키울 수 있다면 인류의 미래가 확연하게 달라진다.

신경의 병증은 과로나 정신적 긴장보다 정서적인 스트레스가 원인인 사례가 월등히 많다고 의사들은 입을 모아 말한다.

우리가 바른 철학을 가지고 올바르고 건강하게 몸을 단련한다면 커다란 기쁨과 마찬가지로 깊은 슬픔도 새로운 기운을 얻는 계기가 된다.

바른 철학과 올바르게 단련된 건강한 몸은 오랜 세월 공을 들여야 한다. 늦은 나이라고 해도 더 나은 평형 상태로 나아가기 위해 할 수 있는 일이 여전히 많긴 하다. 하지만 철학도, 체력도 단시간에 뚝딱 만들어지지는 않는다.

'나'를 많이 찾을수록
신경쇠약이 가까워진다

● 다양한 형태로 나타나는 자기중심적 성향은 엄밀히 말해 거짓 감정은 아닐지라도 심각한 신경 긴장을 유발한다. 극도로 자기중심적인 사람은 신경쇠약도 같이 가지고 있기 쉽다는 것은 의사라면 누구나 아는 사실이다. 정신 이상은 자기중심적 성향이 갈 데까지 간 것이라는 누군가의 말은 매우 적절하다. 특히 그 시작이 신경쇠약인 경우는 더 그런 것 같다. 자기 자신을 향한 과도한 관심은 반드시 피해야 한다.

우리는 객관적인 삶의 방식보다 주관적인 방식을 강하게 물려받았기에 신경세포 하나하나에 그 기질이 새겨져 있다. 그래서 신경은 우리가 명령하면 그 명령에 따라 마땅히 힘을 써야 하는 곳으로 자유로이 전달하는 개방적인 통로가 되지 못한다. 쓸데없이 우리 자신에게로, 우리의 협소한 개인적 관심사로, 우리 자신의 행복으로 주의가 쏠리기 때문이다.

이러한 모든 자기중심적 성향이 신경 긴장을 일으켜서 결국 질병으로 악화하는 것을 얼마나 자주 목격하는가. 성가신 자아는 본인에게, 그리고 친구가 될 모든 이들에게 괴물과도 같다.

"나는 도저히 못 참겠어."

"나 감기 걸리겠어."

"내가 얼마나 괴로웠는지 너는 모를 거야."

그걸 우리가 꼭 알아야 하는가? 그걸 알아서 당신의 괴로움을 덜어 줄 수 있다면 모를까. 그렇게 계속 이어진다. 내가 이랬다, 내가 저랬다. 나는 이렇다, 나는 저렇다. 영원히 계속한다. '나'를 많이 찾을수록 신경쇠약이 가까워진다.

고요히 있으라. 좋은 것들이 당신에게로 온다. 남을 위해 살아라. 당신 인생의 폭이 훨씬 넓어진다. 그래야 자연이 준비해 둔 선물을 모두 받아서 자연의 뜻대로, 자연이 바라는 목적대로 사용할 수 있다. 자연이 추구하는 길이 가장 참된 길, 최선의 길이다. 그러면 우리는 어린아이처럼 살 수 있다. 다만, 조금 더 현명한 어린아이로.

POWER THROUGH REPOSE

X
자연의
가르침

● ● ●

● ● ●

영국의 평론가,

러스킨은 특유의 표현력을 발휘하여 이런 말을 했다.

"얼굴에 보이는 편안함이야말로 창조의 가장 위대한 산물이 아닌가?

여기에 위대한 노력(effort)이 아니라

위대한 권능(power)이 작용했노라고 말하고 있지 않은가?"

● 자연은 신체 훈련에 있어서 유일한 안내자이다. 아울러 우리 몸을 잘 유지하고 제어하는 수석 엔지니어이다. 자연이 제시하는 조건을 우리가 잘 따르고, 자연의 섭리에 방해가 되는 잘못을 피하기만 한다면 말이다.

바로 여기서 성장 동력이라는 오묘한 이치가 나온다. 자연을 공부하면, 이 섭리가 이끄는 대로 따를 때 기운이 생겨나는 것을 깨닫는다. 그뿐 아니라 우리가 앞으로 나아갈 수 있도록 내면에서 우리를 움직이는 자연을 발견할 수 있다.

우리는 하나같이 자연을 중시하고 있다고 믿는다. 하지만 그게 얼마나 큰 착각인지 알면 놀란다. 혹시 개인적인 이유가 있어서 자연적인 삶을 직접 공부하는 기회가 있는 사람이 아니라면, 이렇게 해보는 건 어떨까. 하루에 15분만 투자해서 자연을 생각하고, 자연이 돌아가는 방식을 생각하고, 자연의 권능이 발휘되는 데 우리 개개인이 끊임없이 방해하고 있음을 생각해보자. 그것도 시간 낭비는 아닐 것이다.

경건한 마음을 다해 말하건대, 그것이 첫 번째 기도문이 되어야 한다. 신의 섭리가 자연에 작용하는 것과 진정으로 교감할 수 있다면 진심으로 기도를 올리고, 신의 섭리에 맞게 살아가는 능력도 그와 비례하여 커질 것이다.

삼라만상을 키우고 움직이는 고요한 힘을 한번 생각해보라. 풀잎 하나, 나무 한 그루, 나무들이 어우러진 숲, 이 세상 모든 채소의 성장, 행성들의 운동, 우리 몸의 성장, 우리도 모르는 사이 몸속에서 이루어지는 생명 활동들을 떠올려 보라.

자연을 운영하는 고요한 힘을 이해하려면 나무 한 그루가 자라는 단순한 과정을 상상해보는 것이 백 마디 말보다 낫다. 뿌리에서부터 잎사귀 끝, 꽃송이들, 열매까지 이어지는 수액의 활동을 상상해보라. 혹은 더 낮은 곳부터 시작하여 풀잎이 자라는 것을 상상하고, 꽃이 피는 것을 상상하고, 그다음 나무가 자라는 것을 상상해보라. 그런 다음 이 지구의 운동을, 우주에 존재하는 모든 행성의 운동을 상상해보라. 모든 자연의 움직임을 조금씩 생생하게 그려 보라. 어느새 당신도 이 모든 것과 하나로 느껴질 때까지, 당신 몸의 기능들이 질서 있게 작동하는 것을 곰곰이 생각해보라. 이것을 선명하게 뇌리에 새긴 다음, 당신의 의지대로 조절되는, 혹은 조절되어야 하는 모든 움직임에서 당신이 자연의 법칙을 어기고 있는 부분에 주목하라.

자연처럼 쉬는 시기에는 온전히 쉬기만 하라

● 모든 활동 뒤에는 커다란 휴식이 있어야 한다는 사실을 자연은 끊임없이 우리에게 보여준다. 아주 작은 성장부터 막강한 토네이도까지 예외 없이 모두 그렇다. 우리도 사소한 일과부터 인간이 감당할 수 있는 가장 힘든 활동까지 전부 그렇게 되어야 한다. 내가 간곡히 설명하고자 하는 자연의 방식을 공부하고 이해하면 우리에게 휴식이 부족하다는 사실이 또렷하게 느껴진다.

다행히 그 보상은 적지 않다. 아니면 포기하고 싶은 마음이 참기 힘들 정도로 컸을 것이다. 필요가 충족되려면 필요한 부분을 인식해야 하고, 실수를 피하려면 실수가 무엇인지 알아야 한다.

근육의 휴식도 취하지 못하면서 어떻게 마음의 휴식을 기대하는가. 몸의 외부에 있는 부분이 우리 명령을 듣지 않는데, 존재 전체를 관장하는 마음이 고도로 활동하기를 기대하기는 어렵다. 쉴 때조차 제대로 휴식하는 법을 배우지 못한 우리는 꼭 필요한 순간에 우리 의지대로 누릴 수 있는 휴식이 무엇인지, 모든 활동 뒤에 있다는 커다란 휴식이 무엇인지 제대로 알 도리가 없다.

자연이 쉬는 시간을 생각해보라. 거기서 일탈하면 그 결과가 얼마나 고통스러운지 보라.

우리가 사는 지구의 면이 밤에 느닷없이 태양을 향해 돌아서 햇빛이 어둠을 밝히는 일은 일어나지 않는다. 밤에는 꾸준히 밤이다. 날이 밝을 때까지 고요히. 나무는 겨울이 쉬는 시간이다. 여기저기 새순이 돋는 법이 없다. 그랬다가는 추위에 얼어서 봄이 되면 모양새가 찌그러진 불완전한 나무가 된다. 쉬는 시기에는 온전히 쉬기만 한다. 꽃을 피우는 시기가 되면 나무의 활동은 충만하고 진실하며 완벽하다. 잔디는 겨울에 철도 모르고 조그만 몸을 내밀지 않는다. 그랬다면 따뜻한 계절이 돌아왔을 때 잔디밭에 뻐끔뻐끔 구멍이 나 있을 것이다.

밤에 몸을 오므리는 꽃송이는 반쯤 닫혀서 어떤 꽃잎은 오므리고 어떤 건 벌어져 있는 법이 없다. 이렇듯 자연은 쉬는 시간에는 완벽하게 쉬기만 하니, 비정상적인 활동을 가정하는 것조차 터무니없게 느껴진다. 우리가 자연의 섭리에 몸을 맡기지 않는 것은 그 놀라운 아름다움을 무시하는 처사이다.

아마도 우리 안에는 자연에 무의식적으로 반응하는 기질이 숨어있는 것 같다. 그러니 우주 만물 가운데 무엇이든 자연의 섭리를 거스르면 단번에 어리석다고 느끼는 것이 아닐까. 인간만 제외하고 말이다. 인간은 자연의 섭리를 따르거나 거스를 자유가 있다. 그 섭리를 깨우치고, 거기에 담긴 충만한 힘을 누릴 수 있는 특별한 능력도 기를 수 있다. 그런데도 우리는 위대한 자연의 섭리와 조화를 이루지 못한 채 너무 동떨어져 있으니, 스스로 그 법칙을 계속 어기고 있다는 사실조차 알아차리지 못한다.

자연이 허락하는 휴식은 만들어지는 게 아니라, '그저 그곳에 있는 것'이다

● 동물들은 전부 완벽하게 쉬는 능력이 있다는 것을 생각해보라. 가만히 누워 있는 고양이를 들어 올려서 온몸의 근육이 얼마나 완벽하게 이완되어 있는지 한번 보라. 잠을 잘 때만 그런 게 아니라 쉴 때도 그렇다. 얼마나 심한 활동을 하건, 얼마나 빠르게 활동하건, 멈추는 즉시 모든 긴장을 푼다. 드물게 인간의 영향으로 진정한 삶의 질서가 깨져버린 경우를 제외하고 다른 모든 동물도 그렇다.

건강한 아기가 잠자는 것을 지켜보라. 팔이나 다리를 들어 올리거나 머리를 조심조심 들어보면 전신이 완벽하게 이완되어 자유로운 것을 확인할 수 있을 것이다. 손을 펼쳐서 아기를 들어 볼 수도 있다. 완벽하게 쉬면서 새로운 기운을 얻고, 생명력이 가득한 그 자그마한 몸이 티끌만큼도 긴장하지 않은 채 당신의 손에 체중을 전부 실을 것이다.

아기일 때의 수면은 여러모로 건강을 지키는 의미가 있다. 그러나 안타깝게도 아주 어린 나이부터 불필요한 긴장이 시작되고 갈수록 심해진다. 불필요한 긴장은 우리를 '아메리카니티스'로 차츰차츰 몰고 가기도 하고, 우리가 가진 기운을 온전하게 사용하지 못하도록 방해한다.

어머니는 주의를 기울여서 자식을 살펴야 한다. 어머니가 기울이는 주의는 아이들 본인이 의식하지 못하기 때문에 오히려 더 효과적이다. 아이들은 자기 몸에 거의 주의를 기울이지 않는다. 아이들이 자연의 섭리와 조화를 이루며 성장하도록 하라. 그래서 미국인들이 흔히 겪은 과도한 긴장과 온갖 나쁜 증상들로 쓸데없이 고생하지 않도록 하고, 자연의 섭리에 맞게 생활하도록 인도하라. 우리가 아이들을 돌보지 않으면 아이들은 갈수록 신경의 힘을 많이 오용하는 기질을 물려받는다.

물려받은 이 기질은 너무 강력하므로 병을 일으키지 않으면 다행이다. 계속해서 자연을 거스를 때 벌어질 수 있는 일들을 곰곰이 따져 보면, 자연의 방식으로 돌아가기 위한 노력이 얼마나 시급한지 알 것이다.

확실하게 말하지만, 자연이 허락하는 휴식은 만들어지는 게 아니라 그저 그곳에 있는 것이다. 그것을 취하든지, 취하지 않든지 그것은 인간의 선택이다. 그러나 이 휴식을 받아들이려면 먼저 제대로 쉬지 못하는 개인적인 성향을 고쳐야 한다. 그보다 더 중요한 일은 여러 세대에 걸쳐 유전된 불안정한 습성들을 알아차리고 피해야 하는 것이다.

휴식은 우리 안에 내재한 법칙이다. 우리가 간절히 필요로 하고, 매일 꾸준히 노력하는 열의를 보인다면 미처 인식하기도 전에 우리 뜻대로 운용할 수 있다. 필요를 깨달으려면 매일 잠깐씩이라도 자연이 일하는 고요한 방식을 생각해보고, 또 우리에게 부족한 점이 어떤 결과를 불러오는지 생각해보는 게 가장 좋은 길이다.

영국의 평론가, 러스킨은 특유의 표현력을 발휘하여 이런 말을 했다.

"얼굴에 보이는 편안함이야말로 창조의 가장 위대한 산물이 아닌가? 여기에 위대한 노력(effort)이 아니라 위대한 권능(power)이 작용했노라고 말하고 있지 않은가?"

가장 위대한 작업, 우리가 아는 한 권능 그 자체인 유일한 작업은 우주 만물의 창조이다. 그 작업 뒤에는 크나큰 휴식이 있다. 우리도 우주 만물의 일부이므로 마땅히 창조의 법칙을 따라야 한다. 근육에, 신경에, 감각에, 정신에, 가슴에 우리가 최상의 힘으로 활동하는 데 방해되는 게 있다면 전부 버려야 한다. 우리가 가로막지 않으면 새로운 자각과 기운이 생겨서 우리가 발휘할 수 있는 능력이 더 향상될지 누가 알겠는가.

자연의 법칙을 거스르고도
잘 살 수 있는 특권이 있을까

● 자연의 섭리가 정한 테두리 안에서 자유는 ─ 그 범위를 벗어난 자유란 없지만 ─ 과연 무엇인지 알아보려면 식물의 성장을 살펴보는 것이 가장 좋은 방법이다. 포도나무 가지가 줄기로부터 수액을 받아들이기 위해 길을 열고 있는 것이며, 한 그루 나무의 내부에서, 온갖 채소의 내부에서 수액이 자유롭게 순환하는 것이며.

자연의 섭리에 따라 자라야 하는 포도나무의 가지가 그 섭리를 따를 수도 있고, 원한다면 무시하거나 거스를 수 있는 자유를 얻었다고 상상해보라. 그 가지가 포도나무와 별개로 자기만의 생을 살기로 마음먹고, 자기 마음 내키는 대로 몸을 배배 꼬아서 여기저기 옹이와 마디를 만드는 바람에 줄기로부터 받을 수 있는 수액이 몇 방울 되지 않는다고 상상해보라.

그 가지에 온전히 잎이 자라고, 꽃이 피고, 열매가 맺힐 수 있겠는가. 이것이 우리 스스로 걸림돌이 되어 우리에게 주어진 생명력을 최대로 이용하지 못하는 양상과 판박이이다.

자유는 법칙을 따른다. 다리는 반드시 역학의 법칙에 따라 건축되어야 계속 서 있을 수 있다. 전기는 관장하는 법칙을 꼼꼼하게 지킬 때만 유용하게 사용될 수 있다. 그렇지 않으면 파괴적이다.

오직 인간만이 자연의 법칙을 거스르고도 잘 살 수 있는 특권이 있는가? 심지어 자신의 힘을 낭비해 가면서? 당연히 아니다. 세상을 살아가면서 물리 법칙, 역학 법칙, 그 밖에 모든 자연의 법칙들을 지켜야 한다는 것을 잘 알고, 지키려고 노력하면서 왜 자신의 몸에 적용되는 법칙만 거스르며 사는가?

본능에 충실한 동물의 몸은 자유로워서 아름답다. 자유로이 움직이는 호랑이의 몸은 얼마나 우아하고 위력적으로 보이는지 모른다. 아기의 몸이 모든 움직임과 표현에 반응하는 자유로움은 알수록 오묘하다. 그러나 대부분 아이가 3살이 되기 전에 물려받은 대로 몸을 경직시키는 성향이 나타나기 시작한다.

어린아이를 잘 지켜보면서 불필요하게 경직이 나타날 때마다 이완하도록 훈련하여 몸이 자유로움을 유지하도록 해주어야 한다. 그러지 않으면 나중에 오랜 시간을 들여서 다시 아기처럼 되는 법을 배워야 한다. 또 새롭게 자유로움을 얻어서 자연스러운 움직임을 찾아야 자신이 가진 기운을 최대로 발휘할 수 있다.

우리 자신을 자연과 일치시키려 할 때 가장 매력적으로 다가오는 법칙은 아마도 리듬의 법칙일 것이다. 작용 - 반작용, 작용 - 반작용, 작용 - 반작용. 둘은 균형을 이루어야 하므로, 그 결과는 늘 평형 상태이다. 우리가 가진 상상력을 총동원하여 위대한 자연의 섭리와 하나가 될 수 있는 스스로의 힘을 인식하는 것, 또한 자연이 움직이는 리듬을 따라가다가 리듬 속의 리듬 - 행성들이 움직이는 리듬부터 열과 빛의 섬세한 진동까지 - 을 발견하는 것보다 더 강렬한 즐거움은 없다. 성장과 움직임의 리듬을 찬찬히 생각해보고, 생소한 리듬은 우리가 가진 상상력을 전부 발휘하여 우리 자신과 하나가 될 때까지 흘려보내지 않는 게 도움이 된다.

계절의 리듬, 낮과 밤의 리듬, 밀물과 썰물의 리듬, 날아가는 새들이 보여주는 몸짓의 리듬 등 동물의 생활에서 보이는 리듬, 식물의 생활에서 보이는 리듬. 물론 나열하자면 끝이 없다. 위대한 자연의 섭리가 자연에 존재하는 전부를 관장하기 때문이다. 법칙들이 작용하는 다양한 방식에 우리를 맞춰보면 그 법칙에 대한 인식이 깊어진다.

"한 사람의 삶은 그가
창조된 쓰임새에 대한 신의 사랑이다"

● 우주의 리듬에 실오라기만큼이라도 변이가 일어나면 파멸이 뒤따른다. 그런데 소우주와 같은 우리 인간은 스스로 만성적인 혼돈 상태에 빠뜨린다. 우리가 신이 될 수 있다고, 자신의 인생을 신이 하는 것보다 더 잘 이끌어 갈 수 있다고 느끼기 때문이다.

자연의 섭리를 따르든, 거스르든 우리에겐 선택할 자유가 있다. 우리는 대개 어리석고 근시안적인 자신의 방식이 최선이라고 철석같이 믿고 있다. 실은 자연이 우리의 일부분이나마 살며시 붙들고 리듬에 맞게 돌아가도록 해주는 덕분에 우리는 자멸을 피하고 있는데도 말이다. 이러한 리듬의 법칙 - 혹은 운동과 휴식의 평형 - 이야말로 신체를 발달시키고, 올바르게 다스리기 위해 훈련하는 효과이

자 목표이며 지향점이다.

무엇이든 양쪽으로 이루어진 신체의 구성만 봐도 그 법칙의 지배력을 확인할 수 있다. 혈액 순환에는 정맥과 동맥, 근육에는 신근과 굴근, 신경에는 감각신경과 운동신경 등등.

낮과 밤에는 긴 활동에 긴 휴식이 균형을 이룬다. 낮 동안에는 단 1분이라도 온전히 쉴 수 있는 짧은 휴식이 짧은 활동과 균형을 이룬다. 감각신경과 운동신경은 받아들이고 표현하는 것을 명료하게 한다. 특정한 활동을 할 때 쓰임새가 없는 신체 부분의 근육은 잠잠히 있으면서, 쓰여야 하는 근육들이 제 일을 완벽하게 하도록 내버려 둔다.

일하는 근육들 사이에 조화가 잘 이루어져서 움직임에 드는 힘이 골고루 분배된다. 신근이 일할 때 굴근은 쉬고, 반대로 굴근이 일할 때 신근은 쉰다. 활동과 휴식을 위한 자연적인 힘이 되는 이 모든 것이 무의식적으로 이루어질 수 있으면 신체는 주인의 명령에 순종할 준비가 된 것이다. 주인이 살짝만 신호를 줘도 시키는 대로, 예술이든, 과학이든, 집안일이든, 주인이 원하는 방향으로 움직이게 된다. 자연스러운 움직임이 물 흐르듯 편한 느낌으로 몸에 배면 그에 따라오는 새로운 힘과 편안함은 누구도 형언할 수 없다. 그것은 기적이 아니라 자연스러운 것이다. 짐승들도 똑같은 자유를 누린다. 다만 그 오묘한 힘을 즐길 만한 감각, 그리고 수준 높게 사용할 지적 능력이 부족할 뿐이다.

자연이 이끄는 길로 되돌아가기 위해 주의를 기울이고, 수고를 겪으면 그 보상은 기대 이상이라는 생각이 항상 든다. 자연의 섭리와 그 쓰임새를 새롭게 인식하니 말이다. 몸은 결국 하인에 불과하다. 아무리 완벽하게 훈련해도 그 몸의 주인이 힘을 적절하게 사용하지 않으면 조만간 힘을 잃는다.

자의식이 바탕이 된 자존심은 근육을 수축시키는 방향으로 작용한다. 자연의 힘을 나쁜 방향으로 사용하면 조만간 그 힘은 한계에 도달한다. 또 건강하지 못한 환경을 선호하면 결국 완벽하게 자유로운 몸에 족쇄를 채운다. 족쇄가 채워지기까지 너무 오래 걸리는 게 가끔 의아하긴 하지만 사실이다.

만약 우리 몸이 자연의 방식을 따르도록 훈련되었다면, 자연의 섭리와 영적인 진리는 서로 바탕이 같으니 둘 다 따라야 한다. 위대한 힘이 있다는 것은 위대한 힘을 사용할 수 있다는 의미다.

"한 사람의 삶은 그가 창조된 쓰임새에 대한 신의 사랑이다."

한 사람의 능력은 그의 쓰임새에 가장 적합한 방향으로 깃들어 있다. 이것은 걸을 때는 고개를 들고 걸어야 한다는 사실만큼이나 실용적인 진실이다.

POWER THROUGH REPOSE

XI
이상적인 모델,
어린아이

● ● ●

• • •

어린아이가 자는 모습을 지켜보는 것은
우리에게 필요한 게 무엇인지 배울 수 있는 또 다른 기회이다.
모든 근육은 자유롭고, 모든 부담은 내려놓고,
숨을 한 번 쉴 때마다 노폐물이 실려 나가고,
그 빈자리는 새로운 기운,
그리고 성장하는 데 필요한 것들이 채운다.

아기의 몸이 누리는 자유를 몰랐다면 휴식을 찾아가는 여정이 여기까지 오지 못했을 것이다. 따라서 거기서 무엇을 더 배울 수 있을지 면밀하게 살펴보는 것이 우리에게 큰 도움이 된다.

아기의 자그마한 체구에서 느껴지는 평화와 신선함은 참으로 아름답지만, 미처 깨닫지 못하고 놓치기 쉽다. 이러한 아름다움을 느낄 수 있을 만큼 내면이 평화로운 사람이 드물기 때문이다. 마치 오랜 세월 귀를 닫고 있는 사람에게 들릴 듯 말 듯 은은하게 하프를 연주하는 것과 같다.

가만히 멈춰서 지켜보면, 가만히 귀를 기울이면 무엇을 얻을 수 있는지 보라!

평범한 갓난아기는 온몸의 근육에서 힘을 낭비하는 곳을 딱히 찾을 수 없다. 얼핏 보기에 낭비처럼 보이는 모습도 잘 살펴보면 그 반대이다. 아기가 울면 처음에는 얼굴 근육이 수축하는 것처럼 보인다. 그러나 울음을 그치는 순간 수축은 흔적을 남기지 않고 씻은

듯이 사라진다. 울고 있는 얼굴을 유심히 지켜보면 고질적인 수축이 아니라 단지 근육의 활동이 과장된 것임을 알 수 있다. 각 근육은 대응하는 근육과 균형을 이룬다. 사실 알고 보면 얼굴 전체가 고르게 스트레칭 된 상태라고 할 수 있으며, 반드시 이루고자 하는 바가 있는 행동이다.

아기의 침대를 살펴보라. 완전히 힘을 빼고 체중을 전부 실은 자국이 얼마나 뚜렷한지. 우리는 그저 이론으로만 알고 있는 것을 아기들은 몸소 실천한다. 그러니 가능하다면 우리도 아기에게 배워야 한다.

아기가 목욕하는 모습은 단순하고 자유로워지는 법을 보고 배울 좋은 기회이다. 물의 부드러운 압력에 몸을 맡기고 휴식하는 모습은 감사하는 마음이 잘 드러난다. 그런데 우리 어른들은 자연스러운 상태에서 제멋대로 이탈하여 도무지 감사할 일이라곤 없다는 듯 강하게 거부하는 태도를 보인다.

아기는 '마음'만 상할 뿐 몸은 온전하다

● 새로운 경험을 할 때마다 똑같다. 건강한 아기는 몸을 내맡기며 순응하니 편안함을 누릴 가능성이 배로 높아진다. 우리도 배워서 그렇게 할 수 있다면 수명이 늘어나고, 기쁨과 실용적인 능력도 정확하게 그에 비례하여 커질 것이다.

아무것도 모르는 어린 시절에는, 심지어 마음가짐이 그렇지 못할 때조차 신체는 자유로운 상태가 유지된다. 아기는 마구 화를 낼 때도 기분이 좋을 때와 마찬가지로 신체의 힘을 자유롭게 경제적으로 사용한다. 이것은 성격이 어느 정도 형성되기 전까지 이어진다. 아이가 자기 주변에서 보고 배운 그대로 몸을 수축시키는 버릇이 생기기 전까지 말이다.

아기의 분노에는 근육들이 균형을 잘 이루면서 쓰인다. 쓰이지 않아도 되는 근육들은 전부 휴식 상태이고, 오직 필요한 부분의 근육들만 맹렬히 일한다. 가끔은 모든 근육이 동원되어 일하는 것처럼 보이기도 하는데, 이때에는 활동한 만큼 꼭 휴식한다.

이 글의 목적은 분노하라고 권하는 게 아니다. 누가 봐도 정당한 분노라고 해도 분노를 권장하진 않는다. 다만, 어쩔 수 없이 감정을 표현해야 한다면 아기일 때 했듯이 그런 방식으로 하자는 말이다.

이렇듯 표현의 통로가 자유롭게 열리면 애초에 분노의 표현을 하고자 하는 유혹이 줄어들 수밖에 없다. 우리는 성숙한 지성인이니 분노의 표출이 별 의미가 없다는 것을 알 수 있다. 그러면 우리 다음 세대 아기들은 아름다운 균형을 이룬 그 조그만 몸으로 미운 짓을 하느라 힘을 낭비하는 일도 줄어들 것이다.

아기가 행복감을 표현하느라 목을 울려서 소리를 낼 때 목구멍이 완벽하게 열리는 것에 주목하라. 그처럼 자유롭고 마치 새가 노래하듯 자연의 섭리를 잘 따르는 것을 본 적이 있는가. 머지않아 그 목구멍이 조이고, 음색은 높아져서 목소리가 날카롭고 거칠어지니 우리 책임이 얼마나 막중한가! 우리도 어린아이처럼 목구멍을 열 수는 없는 것인가.

유아는 몸이 열려 있는 덕분에 여러 위험으로부터 보호받기도 한다. 우리가 넘어져서 삐고 부러지고 할 때도 아기는 '마음'만 상할 뿐 몸은 온전하다. 마음이 참된 상태를 유지한다면 그마저도 온전한 경우가 많다.

아이들의 습관으로부터 배울 게 너무 많다

● 아기가 음식을 먹는 모습을 지켜보고, 우리 자신이 먹는 방식과 비교해 보라. 아기는 음식을 느리고 차분하게 받아들인다. 소화기관이 움직이는 리듬과 딱 맞아떨어지는 고요한 리듬에 따라서 먹는 것이다. 한 입씩 삼킬 때마다 몸이 충전되는 느낌을 준다.

아기는 먹고 있는 순간에도 쑥쑥 자라고 있는 것처럼 보이기도 한다. 아기가 음식을 먹느라고 피곤해서 잠시 쉬고 있는 모습보다 더 순수하고 사랑스러운 휴식 장면은 찾아보기 어렵다. 땀구멍이 열려서 촉촉한 얼굴은 흡족한 듯 평화롭다. 마치 재미있는 난리라도 벌어진 것처럼 정신없이 돌아가는 주변을 가만히 쳐다본다. 자의식이 발달하기 전까지 아기는 철저하게 그 바깥에 머문다.

어린아이가 자는 모습을 지켜보는 것은 우리에게 필요한 게 무엇인지 배울 수 있는 또 다른 기회이다. 모든 근육은 자유롭고, 모든 부담은 내려놓고, 숨을 한 번 쉴 때마다 노폐물이 실려 나가고, 그 빈자리는 새로운 기운, 그리고 성장하는 데 필요한 것들이 채운다.

놀이할 때도 똑같이 자유롭다. 한 가지 놀이를 할 때는 다른 모든 놀이는 배제된다. 굴렁쇠를 굴리면서 인형을 생각하는 법이 없다.

아이들은 놀면서 일은 생각하지 않는다. 가만히 보면 우리는 둘다 하는데 말이다. 돌 지난 아이가 해변에 앉아서 부드럽고 따스한 모래에 통통한 손을 묻고 있으면 주변의 색채, 공기 등이 어렴풋이 의식되는 가운데 오직 모래의 온기와 부드러움만이 아이의 감각을 생생하게 채운다. 우리도 이처럼 단순한 즐거움을 느끼며 온전히 몰입할 수 있다면 어떨까. 일할 때와 쉴 때 우리 정신력이 발휘할 수 있는 능력을 지금보다 더 잘 파악할 것이다.

평범한 어린이들이 그렇게 집중하는 모습은 지켜보기만 해도 흥미진진하다. 아이들의 습성은 배울 점이 많아서 그것을 바탕으로 우리의 잘못된 생활 방식을 조금씩이나마 바로잡을 수 있기 때문이다. 그러나 어린아이도 소년기로 접어들면 바람직한 습성이 차츰 사라진다. 아이가 자랄수록 참된 삶의 방식을 잊어버리고 점점 우리 어른들을 닮아가는 모습을 지켜보는 것은 흥미로운 동시에 참으로 안타까운 일이다.

우리가 자연스러운 삶의 방식을 배울 때

● 몸과 마음의 자유로움에서 비롯된 아기의 완벽한 평온함은 아주 이른 나이에 깨지기 시작한다. 그것도 아기를 올바른 길로 이

끌어야 하는 사람들이 그렇게 만든다. 잘못된 인상을 언제 처음으로 받게 되는지 꼬집어 말할 수 없지만, 너무 이른 시기이니 정확한 때를 찾는 것은 과학자들이나 가능할 것이다. 보통 어머니나 아버지는 둔감해진 상태라서 자기 자식들에게 필요한 것을 인식할 능력이 없다. 또, 결과적으로 그들이 받는 인상은 믿을 만한 것이 못된다.

새로 치아가 나느라고 이앓이가 시작되는 시기에도 마찬가지다. 건강한 아이는 혼자 두면 가끔 잇몸이 살짝 따끔거릴 때마다 움찔할 것이다. 하지만 금방 다른 곳에 온통 정신이 팔리기에, 다음 통증이 찾아올 때를 대비하여 기운을 회복한다. 그러나 이때 어른이 개입하면 가벼운 첫 번째 통증이 한껏 부풀려지고 아기는 짜증이 나서 지쳐버린다. 자연이 우리에게 아기를 맡길 때의 그 평화롭고 자유로운 상태, 아름다운 그 상태로부터 이미 몇 단계쯤 멀어진 셈이다.

어린이의 몸이 누리는 자유는 가장 아름다운 마음의 자유, 우리가 통째로 파괴할 수 없는 그 자유의 토대이다. 살면서 매사에 아이다운 믿음을 나타내는 것만 봐도 아이의 마음이 얼마나 자유로운지 알 수 있다. 종교 진리를 가르치면 놀랍도록 민감하게 반응하는 것을 봐도 마찬가지다. 어른이 손을 잡고 이끄는 대로 걸어가는 아이의 표정은 몇 페이지를 채우고도 남을 교훈을 준다.

우리도 같은 마음으로 살 수 있다면 '시원한 샘물로 우리를 인도하시고', '푸른 초원에 우리를 눕게 하시는' 손길을 더 자주 느낄 수 있을 텐데! 갈등을 자초하지 않고 우리가 마주치는 신의 고요한 힘을 담담하게 맞이한다면 영적으로 더욱 빠르게 성숙할 수 있을 것이다.

우리 모두 어린아이에게 배우도록 하자. 그리고 우리가 배우는 그 자질들을 아이가 잘 간직할 수 있도록 돕자. 잊지 말자. 자연적인 것과 이상적인 것은 원래 하나다. 전자를 도구 삼아 후자에 도달하려고 노력해야 한다.

유전된 성향이 아이에게 나타날 즈음이면 어린아이도 이상적인 상태, 즉 자연스러운 상태가 아니다. 우리가 온 마음을 다해 다시 자연스러운 삶의 방식을 배우고 아이를 그쪽으로 인도해야 한다. 그렇게 건강과 활기를 얻을 수 있는 통로를 열어주어야 한다.

POWER THROUGH REPOSE

XII

휴식 연습

● ● ●

· · ·

과도한 긴장 없이 일하고, 말하고, 움직일 수 있는 시간이
매일 늘어나서 우리가 가진 나쁜 습성이 차츰 바뀐다.
단번에 좋아지지 않는다고 해도 점점 나아진다.
우리가 살면서 행하는 모든 활동이 날마다 조금씩
더 진정한 평형에 가까워진다.
그리고 리듬을 따르는 건강하고 조화로운 삶을
날마다 조금씩 더 맛보게 된다.

● 자연스러운 휴식은 어떻게 취하는가? 방법은 제시하지 않고 필요성만 강조하는 것은 어리석은 짓이다.

"나도 정말 쉴 수 있으면 좋겠어요. 그런데 방법을 모르겠어요."

신경이 많이 곤두서 있는 사람들의 이런 한탄은 진심이다.

체조로 근육을 발달시키듯 신경에 영향을 주는 훈련을 정기적으로 실시하여 그 힘을 적절하게 사용하는 법을 가르칠 수 있다. 이 훈련은 처음에는 격렬한 운동과 정반대임을 쉽게 알아차릴 수 있을 것이다. 그리고 여성은 힘을 경제적으로 사용하는 법을 동시에 배우지 않으면 절대로 강한 근력이 필요한 활동은 하지 말아야 한다.

체육관에서 매번 운동하면서 꼭 필요한 신경의 힘보다 다섯 배, 열 배, 스무 배 넘게 사용하는 여자들의 얼굴을 보면 겁이 덜컥 날 지경이다. 흥분할수록 신경의 힘을 더 많이 사용하고, 눈 밑이 쾡해지는 현상도 심해지면서 경직된 표정이 나타난다. 그러면 그녀들은 신나게 운동을 잘했는데 왜 그처럼 피곤한지 몰라서 의아해한다.

체육관에서 흔하게 보는 광경은 다리만 사용하면 되는 운동을 하면서 팔과 손에 있는 근육들까지 긴장하는 모습이다. 이것도 주로 여자들이다. 마찬가지로 한쪽 팔만 활동하면 되는데, 마땅히 쉬어야 하는 나머지 팔의 근육까지 긴장하는 모습도 역력하다. 운동할 때 균형이 깨어지는 게 이토록 잘 보인다면 눈에 잘 띄지 않는 전신의 다른 근육들은 얼마나 나쁜 상태일까.

훈련이 잘된 곡예사라면 공중그네를 잘 타기 위해 마음은 고요하게, 머리는 맑게 유지하고 근육들은 말을 잘 들어야 한다는 것을 알고 있다. 3단 평행봉에서 뛰어난 민첩성을 자랑하며 체조에서 꽤 유명해진 한 여성이 기억난다. 체조를 시작하기 전에 긴장한 기색이 얼굴에 역력해서 혹시 복잡한 체조 동작을 하다가 헷갈리진 않을지, 결국 목이 부러지는 사고가 나는 건 아닌지 그녀를 유심히 관찰하는 사람을 항상 걱정하게 했다. 그녀가 불필요하게 신경의 힘을 사용한다는 것을 알아차리고 나서 그녀의 체조를 관람하는 즐거움도 크게 줄었다.

우리가 신경의 힘을 오용하는 것을 조금 더 예민하게 느낄 수 있으면 어떨까. 앞에 말한 체조선수뿐 아니라 많은 사람이 더 평온하고, 경제적으로 자기 근육을 사용하는 법을 배우느라 시간을 낭비하지 않아도 된다. 또, 체조는 체클리 박사가 딱 맞게 표현한 것처럼 '훈련이라기보다 시련'이 되는 일은 없을 것이다.

우리가 노력하여 얻고자 하는 것은
평형 상태이다

● 총으로 조준하여 표적을 맞히려면 근육을 평온하게 조절하는 것이 필수이다. 우리가 몸을 움직일 때도 그 목적이 과녁의 한복판처럼 선명하다면 근육을 잘 사용할 수 있는 능력을 아주 빠르게 획득할 수 있을 텐데 참으로 아쉽다. 그러나 일반적인 동작에서 정밀함과 편안함을 두루 찾아보기란 매우 어려운 일이다. 만약 사격 연습을 하면서 그렇게 얼렁뚱땅한다면 헛간을 통째로 과녁으로 삼아야 할 판이다.

체조는 여자들에게 매우 긍정적인 영향을 준다. 다만, 신체를 적절하게 사용하는 법을 같이 배웠을 때만 해당한다. 체조를 가르칠 때는 율동적인 동작과 힘의 경제적인 사용을 따로 나눠서 가르쳐야 한다. 그래야 완전하고 만족스러운 결과를 얻을 수 있다. 신체적 균형을 정립하기 위해서는 근육 훈련과 더불어 신경 훈련에도 주목해야 한다. 우리가 신경의 힘을 오용하는 정도가 심하면 근력이 늘어날수록 낭비되는 힘이 많아진다. 발달이 덜 된 근육은 아주 잘 발달한 근육만큼 많은 힘을 낭비할 수 없기 때문이다. 그렇다고 근육을 발달시키지 말아야 한다는 말은 결코 아니다. 적절하게 사용하는 법을 알아야 한다는 말이다. 몸을 근사하게 단련한들 무슨 소용이랴. 그 몸을 움직이는 힘을 조절하는 법을 알지 못하면 망가지는 건 시간문제이다.

물론 물렁물렁한 근육을 단련하지 않고 그대로 내버려 두면 근육을 다스리는 법만 배우는 것 또한 해롭긴 오십보백보이다. 훈련 동작을 수행하기 위해서, 그리고 근육이 완벽하게 조화를 이루며 동작하기 위해서 반드시 근육이 고르게, 어느 정도는 발달해 있어야 한다. 근육을 늘리기 위한 격한 운동이 신경계를 건강하게 만드는 효과를 나타내는 경우도 간혹 있다. 그러나 신경의 힘을 오용하고 있는 사람에겐 긴장만 더욱 심화시킨다.

어떠한 경우이든 우리가 노력하여 얻고자 하는 것은 평형 상태이다. 균형이 신경과 근육, 그 어느 쪽으로 치우치든 단면적인 신체 훈련은 바람직하지 못하다. 그러니 피해야 한다.

아주 어린 아이가 자연스러운 리듬이 있는 운동을 할 때 유심히 지켜보라. 아이들은 나이 든 사람처럼 주의를 기울여서 훈련할 필요가 없다. 이처럼 나이와 함께 근육의 긴장이 많이 진행된 사람들을 돕는 방법은 끈기 있게 연구하는 수밖에 없다.

몸을 이완하는 방법

● 지금부터는 몸을 제대로 이완하는 방법을 내가 아는 한도 내에서 설명하려 한다. 방법을 글로 설명하면 잘못 이해하기 쉬워서 포기하거나 실패하는 사람들이 생긴다. 그러므로 어려운 내용은 전부 빼고 가장 간단한 방법들만 소개하고자 한다. 인내심을 갖고 정확히 따르기만 한다면 대단히 기분 좋은 효과를 얻을 수 있다고 장담한다.

가장 먼저 할 일은 근육이 필요 없는 순간에 자신의 근육들을 얼마나 풀어놓을 수 있는지 그 능력을 알아보는 것이다. 자신의 몸 상태가 평온한 고양이의 자연스러운 상태와 얼마나 동떨어져 있는지, 잠자는 아기의 몸이 누리는 완벽한 자유로움과 얼마나 동떨어져 있는지 알아보는 과정이다. 결과적으로 한순간이라도 온전하게 푹 쉬는 것이 자신에게 얼마나 어려운 일인지도 안다.

거의 모든 사람이 자기 머리를 들고 있느라고 매 순간 애쓴다. 머리를 편하게 놓아주지 못하는 것을 보면 쉽게 증명된다. 근육은 원래 균형이 잘 잡혀 있기에 자연은 우리가 인위적으로 할 수 있는 것보다 훨씬 더 완벽하게 머리를 지탱해준다. 우리 몸에 있는 모든 근육이 그러하다.

근육이 올바른 습성에 익숙해지려면 우선 바닥이나 침대에 등을 대고 누워서 자신의 체중을 전부 바닥에 혹은 침대에 실어야 한다. 푹 꺼지는 침대보다는 체중이 실려도 변형되지 않는 딱딱한 바닥이 낫다. 일단 바닥에 누우면 가능한 한 몸을 그곳에 내려놓으라. 몸의 긴장을 느끼는 감각이 매일 조금씩 더 예민해질 것이다. 그리고 긴장을 풀고 몸을 내려놓는 능력도 매일 같이 향상될 것이다.

등을 바닥에 대고 누워 있을 때 당신의 몸이 이완되어 있음을 '확인'할 누군가가 있다면 금상첨화이다. 그 사람은 당신의 팔을 들어보고 여기저기 관절들을 구부려보고 조심스럽게 다시 내려놓으면 된다. 팔의 무게를 온전히 다른 사람에게 맡길 수 있는지, 그래서 마치 당신 몸의 일부가 아니라 손목, 팔꿈치, 어깨에서 느슨하게 연결된 모래주머니 세 개처럼, 손과 아래팔과 위팔이 제각각으로 느껴지는지 알아보라. 그럴 수 있다면 긴장은 하나도 없고 생기로 가득한 것이다. 그렇지만 모르긴 해도 당신은 팔에 힘을 빼야 한다는 사실에 집착하면서 팔을 들어 올리는 데 힘을 보태고 있을 것이다. 또는 그것을 거부하느라고 팔 자체의 무게가 아니라, 당신이 힘을 주고 있는 무게가 팔에 실려 있기가 쉽다. 어떤 경우에는 신경의 힘이 너무 활성화되어 꼭 살아있는 장어처럼 팔이 제멋대로 꿈틀대기도 한다.

긴장이 풀리지 않은 상태라면 위험하다

● 다음에 다리도 같은 방식으로 힘을 빼보라. 누군가 당신의 팔 또는 다리를 공중으로 살짝 던졌다가 잡도록 하거나, 갑자기 잡은 손을 놓도록 하면 더욱 좋다. 팔다리가 순수하게 중력의 힘에 떨어지지 않고 공중에서 멈춘다면 불필요한 긴장이 남아있다는 증거이다. 주인의 관심이 쏟아진 팔다리는 이렇게 말할 것이다.

"그러니까 내가 뭘 하길 바라는 겁니까? 나를 떨어뜨린다는 말은 없었잖아요."

긴장이 몸에 배어버린 것을 어찌나 생생하게 드러내는지 우스꽝스러울 지경이다. 물론 당신이 바라는 것은 팔다리가 아무것도 하지 않고 힘을 빼는 것이다. 그래서 잡고 있다가 놓으면 저절로 바닥으로 떨어지기를 바란다. 만약 당신 팔을 잡은 사람이 "이제 팔을 놓을게요. 그럼 무거운 물체처럼 뚝 떨어져야 해요"라고 말한다면 당신의 팔이 물체처럼 뚝 떨어지는 것은 언제나 중력의 힘 때문이 아니라 당신의 힘이 작용한 결과이다.

이럴 때 팔은 근육의 작용을 명백히 보여주듯 쿵 하고 바닥을 친다. 또는 너무 천천히 능동적으로 떨어져서 당신이 팔에 힘을 쓰고 있다는 것을 입증한다. 올바른 생각을 갖고 꾸준히 반복해서 시도하다 보면 분명 좋은 결과가 있을 것이다. 그래서 적어도 사지를 쉬게 하는 능력은 나아질 수 있다. 불행히도 처음 이룬 이러한 결실은 줄곧 남아있는 게 아니다. 노력을 계속하지 않으면 팔다리는 곧 다시 딱딱하게 굳어서 긴장을 풀기가 오히려 전보다 더 어려워진다.

다음은 머리로 가보자. 머리는 팔다리처럼 함부로 다루면 안 된다. 공중으로 살짝 던지는 것도 던지는 사람이 두 손을 쫙 펼쳐서 잘 잡을 수 있을 때만 시도해야 한다. 절대로 바닥으로 떨어지도록 그냥 두면 안 된다. 당신이 완벽하게 이완한 상태라면 떨어질 때 충격이 유쾌할 리 없고, 긴장이 풀리지 않은 상태라면 위험하기까지 하다.

처음에는 천천히 위와 아래로 각각 움직이도록 하라. 팔이 그랬듯이 저항하거나 저도 모르게 힘을 보태려고 할 것이다. 머리에 힘을 빼는 것은 불가능하다. 앞으로도 절대로 그럴 수 없을 거라고 느껴지는 순간도 있을 것이다. 물론 당신 머리를 붙잡고 가만가만히 위아래로 움직이는 친구의 손에 머리를 온전히 맡기지 못한다면, 잠을 잘 때도 긴장을 다 풀고 푹 쉬지 못한다는 뜻이다.

머리는 위와 아래로 각각 움직이고, 오른쪽과 왼쪽으로 각각 움직여라. 그리고 한 바퀴 빙 돌리고, 다시 반대 방향으로 부드럽게 돌려라. 그러기를 누워 있는 사람이 완전히 힘을 빼고, 머리가 마치 커다란 공처럼 자연스레 움직일 때까지 계속한다. 물론 너무 심하지 않고, 부드럽게 움직이도록 매우 조심해야 한다. 또 아무 지식이 없는 사람에게 이 일을 맡겨서는 안 된다. 하녀에게 가르치면 잘 해내지만, 처음에는 항상 곁에서 주의 깊게 지켜봐야 한다.

'아무것도 안 하는 것'은 노력으로 되는 일이 아니다

● 사람들이 얼마나 끈질기게 몸에 힘을 주어 버티는지 보여주는 매우 흥미로운 사례가 있다. 오랜 기간 병석에 누워 있던 한 여성이 있었다. 그녀는 대부분 시간을 비스듬히 누워 지냈다. 그러면서도 이완의 아주 기초적인 부분도 배우지 못한 터라, 온몸의 근육

에서 긴장을 풀기가 늘 활동하며 사는 사람 못지않게 어려웠다. 몸을 힘으로 버티면서 10년이나 침대에 누워 지냈다고 생각해보라.

그런데 그녀의 하녀가 앞서 설명한 대로 몸을 이리저리 움직이는 법을 배웠다. 그래서 하녀가 이 여성에게 여러 번 반복하여 행해주었다. 그러자 언제부턴가 거의 마지막 순서쯤 되면 이 여성은 아기처럼 새근새근 잠들곤 했다. 물론 그녀의 병이 완치된 것은 아니다. 그런 것은 기대조차 하지 않았다. 다만, 통증과 싸우면서 버티는 대신 통증이 오면 '이완'하는 법을 배웠다. 이 여성은 60년이나 몸의 기운을 잘못 쓰고 과하게 사용한 상태였는데, 기질성 질환이 허용하는 한도 안에서 자연스러운 방식으로 사는 법을 배울 수 있었다.

팔, 다리, 머리를 이완하는 연습을 한 다음은 척추와 가슴에 있는 근육들을 이완하는 법을 배워야 한다. 이것은 더 어려울 뿐 아니라, 도와주는 사람이 더욱 조심해야 한다. 그리고 근력도 많이 필요하다. 바닥을 디딘 두 발에 힘을 꽉 주고, 다리의 힘으로 들어올려야 한다는 사실만 기억하면 부담이 훨씬 덜할 것이다.

환자나 학생의 두 손을 잡아당겨서 앉은 자세로 일으킨다. 물론 이때 고개를 지탱하는 근육들이 완벽하게 이완되어 있으면 머리는 자기 무게를 이기지 못하고 뒤로 처져야 한다. 그런 다음 다시 몸을 뒤로 눕힌다. 물론 두 손은 계속 잡은 채로 절대 놓지 말아야 한다. 목이 이완된 상태를 유지한다면 다시 눕혔을 때 머리가 불편한 자세가 되어야 정상이다. 그러니 이때 편한 자세가 되도록 조력자가 머리를 들어서 옮겨주어야 한다.

이 정도로 이완할 수 있기까지 시간이 제법 걸린다. 처음에는 머리와 척추가 쇠막대처럼 뻣뻣하게 굳은 채로 올라온다. 도우려 하거나 저항하려는 시도도 똑같이 나타난다. 몸은 힘을 빼기를 거부하면서 이렇게 외칠 것이다.

"내가 뭘 하길 바라는지 말해주면 내가 그대로 한다니까요!"

몸은 아무것도 하지 않기를 원한다는 당신의 뜻을 도무지 이해하지 못한다. 그래서 이렇게 반항하는 것이다. '아무것도 안 하는 것'은 노력으로 되는 일이 아니다. 다시 누운 자세로 돌아갈 때 몸은 마치 속이 골고루 차 있는 자루들이 서로 느슨하게 연결되는 것처럼 '풀어져' 있어야 한다. 가끔은 거의 눕기 직전에 한쪽 팔을 놓고, 나머지 한쪽 팔만 잡고 끝까지 눕힐 수도 있다. 그러면 중력의 법칙에 몸이 맡겨지는 셈이니, 팔을 잡고 있지 않은 쪽 몸이 먼저 바닥에 닿는다. 그리고 등으로 구르듯이 반대쪽 팔까지 바닥으로 내려온다. 몸이 바닥에 닿고 나면 반드시 머리를 편안한 자세로 고치는 것을 잊지 말아야 한다.

몸을 '놓아주는' 능력은
긴장을 알아차리는 감각을 키운다

● 이따금 몸을 옆으로 굴리듯이 밀면 가슴과 척추의 근육이 이완하는 데 큰 도움이 된다. 이쪽저쪽으로 방향을 바꿔가면서 몸을 밀었다가, 자기 무게 때문에 저절로 다시 누운 자세로 돌아오도록 한다. 신체의 각 부분이 쉬는 연습을 한 다음에, 몸 전체를 이쪽저쪽으로 굴리는 것이 언제나 좋은 방법이다. 조심스럽게 몸을 굴리면서 누워 있는 사람이 조금도 자기 힘을 보태지 않고 몸을 맡기는지 살펴야 한다.

몸에 힘을 다 빼고 다른 사람이 움직여주는 대로 완벽하게 수동적으로 움직일 수 있다는 것은 무슨 의미일까. 다시 말해 언제라도 푹 쉬어야 할 때 몸을 이완할 수 있는 능력이 꾸준히 나아진다는 것과 같다. 이렇게 몸을 '놓아주는' 능력은 긴장을 알아차리는 감각을 키운다. 자신에게서 어떤 실수이든 찾아내는 것은 썩 기분 좋은 일이 아니다. 하지만 결국 멋진 해피엔딩이 기다린다.

신체적으로 또는 정신적으로 좋지 못한 성향을 갖지 않도록 조심하려면 어떻게 해야 할까. 우리에게 안 좋은 성향이 무엇인지, 우리가 몸을 쓰면서 저지르는 실수가 무엇인지 똑바로 인식해야 한다. 그런 실수들, 나쁜 성향들을 세심하고 신중한 자세로 피하다 보면, 어느새 몸을 의식하지 않고 쓸 수 있는 바람직한 상태에 가까워진다. 우리의 몸을 진정한 의미에서 최선으로 사용할 수 있도록 철저하게 잊고 지내는 것이 가능해진다.

다른 사람의 도움을 어느 정도 받고 난 뒤에는, 곧바로 혼자서 자기 몸을 풀어주는 동작을 연습할 수 있다, 혹은 많은 경우, 남의 도움을 받는 사전 단계를 건너뛸 수도 있다. 이 과정을 연습하고 난 뒤에 몸이 얼마나 더 수월하게 움직이는지 보면 매우 흥미롭다. 이번에도 역시 바닥에 누운 자세를 취한다. 신체의 각 부분을 중력이 끌어당기는 힘에 전적으로 맡긴다.

두 눈은 처음부터 끝까지 내내 감고 있어야 한다. 그리고 가만히 누워서 자신의 몸이 아주 무겁다고 상상한다. 먼저 한쪽 다리가 아주 무겁다고 상상하고, 다음에는 반대쪽 다리, 다음에는 팔 한쪽씩, 그리고 양쪽 팔이 아주 무겁다고 차례차례 상상한다. 팔이 무겁다고 상상할 때도 두 다리에는 계속 똑같이 무게를 느끼고 있어야 한다. 그런 다음 전신, 그리고 머리. 자신이 가진 상상력을 모두 동원하여 온몸이 아주 무겁다고 생각한다.

이런 대단한 무게에 바닥이 무너지지 않고 견디는 게 신기하다고 느껴질 정도로 아주 무겁다고 생각한다. 그런 다음 심호흡을 시작한다. 코로 고요하고 편안하게 숨을 들이마신다. 마치 허파가 우리 의지와 아무 상관 없이 저절로 부푸는 것처럼 느껴져야 한다. 허파의 아랫부분을 먼저, 그다음 허파의 윗부분을 공기로 채운다. 숨을 다시 내쉬면서 후련한 기분을 느낀다.

어떤 동작이든 호흡하는 방법을 잘 지켜야 한다

● 공기가 허파를 빠져나가면서 당신의 몸이 다시 바닥에 무겁게 축 늘어지도록 해야 한다. 마치 고무로 된 주머니에서 공기가 빠져나갈 때처럼. 이렇게 숨쉬기를 몇 차례 반복한 다음, 1분에 6번 정도 되는 속도로 숨을 들이마시고 내쉬기를 10회 실시한다. 총 50회가 될 때까지 매일 횟수를 늘려나간다. 이 훈련은 평소 허파가 무의식적으로 운동할 때 호흡을 더욱 길게 하는 습관을 기르기 위함이다. 그리고 이 습관은 신체가 건강한 상태를 유지하는 데 도움을 준다.

어떤 동작이든 연습한 뒤에는 설명한 대로 길게 호흡하는 방법을 잘 지켜가며 숨을 길게 쉬어야 한다. 호흡을 길게 하고 난 뒤에는 다리를 천천히, 아주 천천히 고관절의 힘만 사용하여 몸쪽으로 당겨서 무릎을 세운다. 일부러 애쓰지 않아도 발바닥이 저절로 바닥과 맞닿을 때까지 발꿈치를 바닥에 대고 무겁게 끌어온다. 이따금 동작을 멈추고 발꿈치에 체중이 실리도록 가만히 두었다가 이전보다 더 힘을 빼고 자연스럽게, 움직임으로 발생하는 근육의 긴장이 갈수록 줄어들도록 하면서 계속 몸쪽으로 끌어올린다.

다리를 다시 느리게 아래로 천천히 뻗다가 거의 바닥에 닿기 직전에 완전히 힘을 빼고, 자기 무게만으로 저절로 툭 떨어지도록 내버려 둔다. 다리가 완전히 자유로운 상태라면 바닥에 부딪히는 반동으로 가볍게 튀어 오르는데, 신체가 건강한 상태라서 나타나는 현상이라고 말할 수 있다. 반대쪽 다리도 똑같이 끌어올렸다 내린다. 움직이는 속도는 매일 더 느려지도록 한다.

전체 동작은 세 번씩 반복하되 매번 시행할 때마다 다리를 더 무겁게, 더욱 느린 속도로 움직이려고 시도해야 한다. 다음은 어깨에서 팔을 천천히 들어 올린다. 팔이 바닥과 직각이 될 때까지 올리는데 이때 손은 힘을 빼고 축 늘어져 있도록 한다. 이때도 역시 팔이 아주 무겁다고 계속 생각하는 것을 잊지 말아야 한다. 또 반드시 어깨의 힘만으로 팔을 들어올려야 한다.

이완하는 데 도움이 되는 방법은 당신의 팔이 오로지 한 올의

실로 어깨에 연결되어 있다고 상상하는 것이다. 팔을 들어 올리는 데 필요한 최소한의 힘보다 조금이라도 더 힘을 주면, 실이 끊어지고 팔이 어깨에서 떨어져 나간다고 상상하라. 상상력이 부족하거나 아예 메말라 버린 사람에게는 터무니없는 말로 들릴지 모른다. 하지만 상상력을 가진 사람이라면 이런 방법이나 유사한 다른 방법들을 적절히 사용하는 것이 매우 큰 도움이 된다.

팔을 바닥과 수직이 될 때까지 올리고 난 다음에는 중력에 맡긴다. 먼저 위팔이 팔꿈치 부분까지 떨어진다. 그리고 이어서 아래팔과 손이 차례차례 떨어져야 정상이다. 반대쪽 팔도 똑같이 올렸다가 떨어뜨린다. 이 과정을 총 세 번 반복한다. 그러면서 매번 더 자연스럽게 할 수 있도록 시도한다.

근육이 제자리를 잡는 이치

● 다음은 머리를 천천히 움직여 볼 순서이다. 아주 느리게, 마치 전혀 움직이지 않는 것처럼 보일 정도로 느리게 움직여야 한다. 먼저 왼쪽으로 돌렸다가 제자리로 돌아오고, 오른쪽으로 돌렸다가 다시 제자리로 돌아온다. 이 동작도 세 번 반복한다. 동작이 한 번

끝날 때마다 두세 번 정도 길고 고요하게 호흡한다.

척추를 자유롭게 하는 동작은 바닥에 앉은 자세로 시작한다. 팔과 다리는 무겁게 늘어뜨린다. 그리고 고개는 앞으로 떨어뜨린 상태로 천천히 편안하게 뒤로 눕는다. 마치 척추뼈들이 실에 꿰어놓은 구슬인 것처럼 맨 아래에 있는 척추뼈부터 내려놓는다. 그다음 구슬, 그다음 구슬을 내려놓는다고 생각한다. 그러면서 척추가 전부 바닥에 닿을 때까지 내려가다 보면, 고개는 자기 무게를 못 이겨 뒤로 떨어진다.

전체 동작이 완벽하게 유연하고 자연스러워질 때까지 계속 연습해야 한다. 이 동작의 개념을 제대로 이해하고 올바른 방법을 터득할 때까지 침대에서 시행하는 것도 괜찮다. 다리, 팔, 척추까지 천천히 이완하는 과정을 하고 난 다음에는 몸의 힘을 빼고 옆으로 구르는 연습을 한다. 가끔은 각 부분을 이완하는 연습 전에 구르는 연습부터 시행해도 좋다.

모로 누운 자세를 유지하다가 체중이 전부 바닥 근처에 모인 것처럼 느껴지면, 중력에 몸을 맡겨서 '철퍼덕'('철퍼덕'이라는 단어는 의도적으로 사용한 것이다) 하고 반듯이 누웠다가 자연스레 반대쪽으로 돌아누운 자세가 된다. 구를 때는 정해진 동작들을 먼저 따라야 한다. 반듯하게 누워서 한쪽 다리를 무겁게 들었다가 그 무게의 힘만으로 반대쪽 다리 위로 툭 떨어뜨리면서 양쪽 발목은 서로 교차한 상태가 된다.

같은 쪽 팔도 최대한 높이 들어 올렸다가 가슴 위로 툭 떨어뜨린다. 이제 몸을 옆으로 굴리되, 팔과 다리의 체중으로 도는 것처럼 움직여야 한다. 마치 뼈다귀들이 담긴 자루처럼 자유롭고 묵직하게 굴러야 한다. 이런 방식은 몸을 자유롭게 굴리기를 반복하는 데 크게 도움이 된다.

여기까지 극도로 이완하기 위한 과정 전체를 시행하면서 사이 사이에 깊고 고요한 호흡을 곁들여주기를 잊지 말아야 한다. 그래야 너무 지나치게 이완만 되는 것을 미리 방지할 수 있다. 숨을 깊이 들이마시면 온몸에 있는 근육에 압력이 가해진다. 이완을 위한 동작을 하면서 느슨하게 풀어진 근육들이 숨을 쉬며 생기는 이런 압력 덕분에, 말하자면 제자리를 잡는다고 볼 수 있다. 장갑의 손가락 모양을 잡기 위해 숨을 불어넣는 것과 같은 이치다.

우리는 불필요하게 긴장할 때가 너무 많다

● 우리가 노력하여 얻으려는 것은 평형임을 항상 염두에 두어야 한다. 극도의 이완을 통해 평형에 도달할 수 있는 까닭은 우리가 반대 방향으로 너무 멀리 벗어나 있기 때문이다. 예를 들면, 우리는 지금 활동과 휴식 사이의 균형이 엉망이다. 물론 정도의 차이는 있다. 하지만 몸이 늘 긴장한 상태로 유지되기 때문에, 온전히 쉬어야 하는 시간에도 근육들이 활동을 멈추지 못하는 게 원인이다. 휴식을 취하기 위해 완전하게 이완하는 법을 배우자. 우리는 진정한 평형에 도달하기 전에는 결코 자연의 리듬에 따라 살 수 없다.

우리는 무슨 일을 할 때 불필요하게 긴장하는 경우가 너무 많다. 근육들을 정상적으로 사용하는 법을 배우기 전에는 그 긴장을 모조리 없애기 어렵다. 하지만 한 시간 정도 이완하는 연습을 하여 극도로 이완한 상태가 되면, 적어도 한동안은 불필요하게 힘을 낭비하는 것이 불가능해진다.

그리고 과도한 긴장 없이 일하고, 말하고, 움직일 수 있는 시간이 매일 늘어나서 우리가 가진 나쁜 습성이 차츰 바뀐다. 단번에 좋아지지 않는다고 해도 점점 나아진다. 우리가 살면서 행하는 모든 활동이 날마다 조금씩 더 진정한 평형에 가까워진다. 리듬을 따르는 건강하고 조화로운 삶을 날마다 조금씩 더 맛보게 된다. 자연이 정한 법칙들을 아이처럼 잘 따르면 우리도 차츰 자연의 리듬과 하나가 될 수 있다.

그런데 신경이 너무 예민해서 이완을 통해 증상을 완화하려는 모든 이들에게 한 가지 경고할 것이 있다. 이완을 위한 동작을 하면 처음에는 엄청나게 불쾌한 효과를 경험하기 쉽다. 극도로 흥분한 뒤에 주로 나타나는 현상들과 똑같은 반응이 여기서도 나타난다. 욕지기, 현기증, 기절 등. 누가 봐도 분명한 이치지만, 오랜 세월 습관적으로 긴장하다가 이완하면서 나타날 수 있는 자연스러운 결과이다.

지금까지 신경은 그럴 만한 일이 있으나 없으나 만성적으로 흥분한 상태에 묶여 있었다. 그러니, 주인이 난생처음 풀어놓으려고 하면 역설적으로 현재 긴장된 상태가 더욱 확실하게 느껴져서 일어나는 현상이다. 습관적인 긴장의 결과는 결코 유쾌할 수 없는 법이다. 신경의 긴장이 심할수록 이완하는 연습을 더욱 느린 속도로 진행해야 한다. 그러므로 때때로 하루에 5분을 넘기지 말아야 한다.

늘 신경이 바짝 곤두선 채로 사는 사람들은 정상적인 삶의 방식에서 너무 멀리 벗어나 있어서 이완하는 자체를 싫어한다. 이런 사람들이 드물지 않다. 실제로는 생각보다 아주 많은 편이다. 이완하는 동작을 진심으로 싫어하는 사람들을 빈번하게 보았다. 그런 사람은 근본 이론이 옳다고 믿어도 원하는 결과를 얻을 때까지 자기 스스로 꾸준히 연습하기가 어렵다. 그리고 설득하는 일도 만만치 않다.

"신경이 전보다 열 배는 더 불안해졌어요."

"그건 아니랍니다. 당신의 신경이 불안하다는 걸 열 배나 더 확실하게 알게 된 거죠."

"그렇다면 내 신경이 불안하다는 걸 더 알고 싶지 않아요. 너무 기분이 나빠요."

"유감스럽게도 지금 그것을 깨달아서 자연의 섭리대로 이완하지 않는다면 자연이 만든 옹벽에 세게 부딪치게 될 거예요. 그때는 신경이 불안하다는 사실을 지금 아는 것보다 훨씬 더 기분 나쁘게 아는 후유증이 생길 겁니다."

기관차는 연소하는 연료의 19%만 에너지로 사용할 수 있다. 기술자들은 꼭 필요한 연료만 태워도 돌아갈 수 있는 엔진을 만들기 위해 백방으로 노력한다. 여기 훨씬 더 귀한 엔진, 인체라는 엔진은 수행하는 목표에 필요한 것보다 대략 80% 이상의 연료를 소비한다. 애초에 신이 이렇게 창조한 것이 아니다. 어리석고, 앞을 내다볼 줄 모르며, 생각이 짧은 기술자 탓이다.

기계나 산업에서의 경제성보다 우리가 가진 생체 에너지의 경제성이 훨씬 더 중요하지 않은가.

우리의 정신은 신체보다 더 우월하다

● 신경의 힘을 지나치게 사용하고 신경쇠약에 몇 차례 연달아 시달린 나머지, 비쩍 마르고 얼굴이 창백한 남성이 '이런 이완 방법' 을 경멸하는 말을 들으면 마음이 정말 아프다. 어느 모로 보나 이것은 단순히 '방법'이 아니기 때문이다.

자연의 섭리를 전부 '방법'이라고 부른다면 모를까. 어느 누가 고안해 낸 것도, 계획한 것도 아니다. 알고자 하는 자세만 있다면 누구든 이것이 자연의 섭리임을, 올바르게 사는 유일한 방식임을 알아차릴 수 있다.

이것을 새로운 아이디어라거나 새로운 방법이라고 부르는 것은 마치 긴장이 너무 심해져서 잠을 전혀 이루지 못하는 사람에게 누군가 다시 정상적인 상태로 돌아갈 수 있는 '새로운 방법'이 바로 잠이라고 가르쳐주는 것처럼 어처구니없는 일이다. '지친 몸에 생기를 다시 채워주는 달콤한 자연의 섭리'를 누리지 못해 심각하게 고통받는 사람들은 '잠'이 새로운 아이디어라는 말에 짜증을 이기지 못하며 대놓고 비웃을 것이다.

다시 말하지만, 많은 이들이, 특히 여성들이 신경이 흥분한 상태가 더 좋다고 고집하며 그 상태를 버리지 않으려고 한다. 이것은 늘 술에 취해 있는 게 낫다는 남성과 다를 바 없다. 이러한 비정상적 상태는 비정상적 사람들에게서 나타난다. 그러므로 고통받는 이들을 다시 자연의 품으로 인도하려면 자연의 섭리를 조용히 따르도록 해야 한다.

우리의 정신은 신체보다 더 우월하다. 잘못된 견해에서 빠져나오도록 우리를 인도하기에 충분한 능력이 있다. 여기에 타인의 진심 어린 도움까지 있다면 비틀거리고 넘어지는 고생을 많이 하지 않고도 어려운 길을 더 빠르게 지날 수 있다.

근육을 긴장시키지 않아도 신경은 강하게 흥분할 수 있다는 것을 모르는 사람은 없다. 그러므로 신경과 근육이 자유를 얻고, 더 나은 신체적 평형 상태로 가는 모든 운동을 할 때 가볍고 편안하게 하라는 조언은 대단히 중요하다.

열심히 하지 마라. 무심하게 해야 한다. 심지어 자신이 올바르게 하고 있는지, 틀리게 하는지도 신경 쓰지 말아야 한다. 그리고 몸도 마음도 가만히 내려놓고, 해야 하는 것을 그냥 하면 된다. 이완하려는 노력이 너무 절박하면 얻는 것보다 잃는 게 더 많다. 극도로 예민한 사람이 몸을 해방하기 위해 있는 힘을 다해 노력하는 경우가 정말 많은데, 이런 게 특히 해롭다. 근육이 해방되어서 얻는 것이 무색해질 만큼 과도하게 신경의 흥분이 높아지기 때문이다.

그러니 신경의 힘을 더 자연스럽게 조절해야 하는 사람이 지도자 없이 혼자 훈련하는 것은 바람직하지 못하다. 만약 지도자를 구하지 못하는 형편이라면 몇 주 동안은 하루에 연습하는 시간이 10분을 넘지 않도록 해야 한다.

POWER THROUGH REPOSE

XIII

몸에 생기를
불어넣는 훈련

● ● ●

・ ・ ・

인체의 운동은 음악과 같은 예술이다.
마침 알맞게 표현한 어느 예술가의 말을 빌리자면,
만약 우리 몸에 있는 모든 근육이 저마다 다른 음을 낸다면
그 음들이 모여서 오직 화음을 이루도록 몸을 움직여야 한다.
그게 정말이라면 자연이 창조한 악기가 내는 소리이니,
더없이 아름다운 화음을 이루어야 마땅하다.

● "난이도 있는 운동에서 새로운 동작이나 처음 보는 자세를
취하려면 신경 중추는 근육을 선별하는 작업을 해야 한다. 이 운동
에 알맞은 근육들을 활성화하고 방해가 되는 근육들은 억제하는 것
이다."

명백한 진리인 이 말은 라그랑주 박사(프랑스의 의사이자 생리학
자인 페르낭 라그랑주Fernand Lagrange, 1845-1909-역주)의 운동 생리
학 관련 저서에 실려 있다. 애초에 모든 새로운 동작은 미지의 동작
이다. 조상으로부터 물려받았거나 개인적으로 각인된 수축 상태 때
문에, 이제 막 걸음마를 배우는 아이에게서 볼 수 있는 초기 동작들
부터 우리가 일상에서 수행하는 대단히 복잡한 활동까지 거의 모든
동작에서 신경 중추는 근육들을 잘못 선별하고 있다.

완벽하게 조화로운 움직임을 위해 꼭 필요한 근육보다 더 많은
근육을 선택할 뿐 아니라, 선택된 근육에 필요 이상으로 많은 힘을
투입한다. 근육들이 활동을 멈추면 수축하는 힘은 빠져야 하는데도

여전히 그 근육에 남아있는 경향도 점점 더 심해진다. 우리가 이미 보았듯이, 팔이나 다리가 수동적이어야 할 때조차 들어 올려 보면 뭔가 힘든 일을 하고 있을 때처럼 수축해 있음을 확인할 수 있다. 사람들은 자기 팔다리인데 자기 뜻대로 당장 수축을 그만둘 수 없다는 사실에 놀란다.

이런 습관적인 수축에 도움이 될 만한 내용은 이전 장에 기술했다. 라그랑주 박사는 또 '미지의 움직임을 새로이 배우는 것 외에도 이미 알고 있는 움직임을 개선하는 것'도 거론하고 있다. 근육을 잘못 선별하는 과정이 여러 해 동안 이어지면 가장 단순한 일상적인 활동에서부터 위대한 과업의 달성에 이르기까지 '이미 알고 있는 움직임의 개선' 그 자체도 연구 대상이 된다. 가장 먼저 배워야 할 것은 다 자란 아기로 사는 법이다.

이미 살펴보았듯이, 아기의 몸은 수동성이 뛰어나다. 그 수동성을 우리도 배워야 한다. 그런 다음, 자연스러운 선별 과정을 통해 걷고 움직이는 법을 배워야 한다. 조상들에게 물려받은 수축하는 성향 때문에 원래 움직임은 이런 선별 과정이 제대로 사용되지 않는다. 이처럼 어떻게 살아야 하는지 완전히 다시 배우는 것은 듣기에는 어렵고 무섭다. 하지만 사실 그렇지 않다.

이전 장에서 설명한 수동적인 상태를 터득해가는 사람은 불필요한 긴장을 훨씬 민감하게 알아차린다. 그것은 마치 우리 안에 있는 어린아이가 생기발랄하게 튀어나와서, 자연스럽게 움직일 권리를 주장하는 것 같은 느낌이다. 유전되거나, 개인적으로 습득된 수축 성향에서 벗어나는 능력을 기른 덕분에 새롭게 얻은 해방감이다.

근육이 적절하게 수축하면 움직임의 자유를 얻을 수 있다는 것은 명백한 사실이다. 이것을 늘 명심해야 자의식을 피할 수 있다. 또, 자연스럽지 못한 움직임 때문에 해를 입는 일도 줄일 수 있다. 자신의 부자연스러운 움직임을 감지하고 기분이 나빠지는 경험도 당연히 줄어든다.

신체의 자유를 추구하는 여러 운동

● 인체의 운동은 음악과 같은 예술이다. 마침 알맞게 표현한 어느 예술가의 말을 빌리자면, 만약 우리 몸에 있는 모든 근육이 저마다 다른 음을 낸다면 그 음들이 모여서 오직 화음을 이루도록 몸을 움직여야 한다. 그게 정말이라면 자연이 창조한 악기가 내는 소리이니 더없이 아름다운 화음을 이루어야 마땅하다. 그런데 유심히

보면 근육들이 시도 때도 없이 불협화음을 낸다. 그러니 우리가 자연스러운 움직임에서 얼마나 멀어져 있는지.

예술적인 움직임의 완벽한 경지를 보여주어야 하는 발레에서도 비범한 수준에 오르지 못하면 기껏해야 몸을 이리저리 비트는 체조와 피루엣(한쪽 발끝으로 빠르게 도는 발레 동작-역주)의 연속에 불과하다. 예쁜 여성의 과장된 미소와 눈부신 무대조명이 우리 눈을 현혹하며 부족한 부분을 감춘다. 이런 발레리나는 자연의 관점과 예술의 관점, 두 가지 모두에서 올바르게 훈련되지 않은 것이다. 자연스러운 움직임의 정수, 예술적인 움직임의 정수이어야 하는 발레에서 실상이 이 지경이라면 아마도 그 사람이 일상에서 행하는 모든 동작에서 어떤 근육을 사용할지 선별하는 과정이 함부로 이루어진 탓이 매우 클 것이다.

이른바 '델사르트 시스템(다양한 동작과 자세를 수련하여 음악과 연극에서 표현력을 높이는 방법-역주)'이라는 것이 널리 퍼지면서 많은 이들이 신체의 자유를 추구하는 여러 운동을 알게 되었다. 그런데 진정한 의미를 아는 게 아니라 수박 겉핥기식으로 내용만 알고 있기 일쑤이다. 이런 운동이 정말로 무엇을 위한 동작들인지, 이 운동으로 어떤 상태에 도달할 수 있는지 전반적으로 이해하고 운동을 따라 했다면 이것을 배운 학생들은 이미 인체가 어떤 힘을 가질 수 있는지 더욱 폭넓게 인지하고 있어야 한다.

안타깝게도 유용하고 이로운 점이 많은 델사르트 시스템의 상당 부분이 엉터리로 사용되어 온 게 현실이다. 유익한 운동에 완전히 인위적이고 건강하지 못한 요소들이 너무 많이 섞여 버려 이제는 델사르트를 언급하는 것조차 망설여진다. 델사르트라는 인물은 실제로 놀라운 능력을 지닌 천재였다. 하지만 애석하게도 그의 생각과 발견들이 왜곡되었든지, 그게 아니면 델사르트 본인의 가르침이 전혀 일관성이 없어서 우리에게 남긴 자료들이 분명히 지닌 참된 힘마저 온전히 발휘되지 못하는 것이다.

몸이 잃어버린 평형의 중심을 찾는 동작

● 신체 부위별로 자유를 얻고, 몸 전체의 자유를 얻기 위한 운동은 이미 설명한 여러 가지 외에도 각 개인의 필요에 적합한 다른 운동들이 많이 있다.

이런 운동들을 지도자 없이 혼자 따라 할 수 있도록, 그러면서도 원하는 결과를 얻을 수 있을 만큼 알기 쉽게 설명하기는 사실 불가능하다. 혹시라도 잘못 이해하면 좋지 못한 결과를 초래할 위험도 있다는 것을 잊지 말아야 한다. 우리가 이뤄야 하는 목표는 단지 다음과 같다. 우리가 서 있을 때 대다수 사람이 그러듯이 자신의 근육들을 지탱하고 있느라 괜히 애쓰지 말아야 한다. 근육들이 원래 있는 능력대로 자연스러운 균형을 이루며 우리를 지탱하도록 해야 한다.

이러한 자연스러운 평형 상태에 도달하기 위해 할 수 있는 동작은 가만히 서서 근육들이 우리 몸을 앞으로 데려가도록 맡기는 것이다. 근육들이 가능한 한 최고로 수축했다 싶으면, 다시 대항하는 근육들이 우리 몸을 원래 자리로 데려오도록 한다. 발목을 기준으로 자세를 좌우로 옮기는 동작과 원을 둥글게 그리는 동작도 같은 방식으로 한다. 이것은 근육들이 자연스럽게 흔들리면서 우리 몸이 잃어버린 평형의 중심을 찾는 동작이다. 잠시 가만히 서서 두 발이 아주 무겁다고 상상하는 것, 이것이야말로 자연스럽게 균형을 잡으면서 움직이는 데 큰 도움이 된다.

가슴은 언제나 쫙 편 상태를 유지하도록 주의해야 한다. 가슴을 펴는 것 말고는 서 있는 것 자체에 아무런 수고도 들지 않는 기분이어야 한다. 마치 가슴 한가운데 들어있는 버튼 때문에 가슴이 바깥으로 팽창한 것처럼 느끼면서 말이다. 그렇다고 너무 힘이 들어가지 않도록 주의한다.

앞서 설명한 머리를 자유롭게 하는 운동의 결과는 허리 근육으로 고개를 가볍고 편안하게 팅길 수 있는지 보면 확인할 수 있다. 이때 고개는 앞으로 숙였다가 다시 곧게 선 자세로 돌아온다. 다음으로 목 근육을 회전시키는 것으로 머리가 자유로운지 알 수 있다. 목 근육은 아무런 힘을 쓰지 않고 전적으로 고개를 팅기는 힘의 작용만으로 회전해야 한다.

대체로 목에 있는 근육의 긴장은 해소하기가 몹시 어렵다. 여러 가지 원인이 있을 것이다. 하지만 한 가지만 꼽자면 이렇다. 신경이 과도하게 긴장하면 주로 뇌의 기저부로 그 감각을 전달하는 수가 있기 때문이다. 목덜미가 뻣뻣하게 굳는 경우는 흔하다. 이럴 때는 그 정도가 심각하지 않아도 주의를 기울여서 조금씩, 아주 천천히 풀어주어야 한다. 처음에는 한 번에 몇 분씩만 동작을 연습하도록 한다. 몇 번이고 경고하지만, 이완하는 동작을 너무 오래 연습하거나 너무 빠르게 이완하면 오히려 불쾌한 부작용이 생길 수 있다.

다음 순서는 두 팔을 자유롭게 하는 운동으로, 앉은 자세로 한다. 일단 두 팔을 양옆으로 무겁게 늘어뜨린다. 한쪽 팔을 천천히 들어 올리는데, 그 무게를 점점 더 또렷하게 느끼면서 오직 어깨의 근육만 수축시키며 들어 올린다. 한 번에 몇 인치씩만 들어 올렸다가 툭 떨어뜨리고, 다시 들어 올리기를 반복하는 것도 괜찮다. 그때마다 팔이 아주 무겁다고 생각하면서, 아래쪽 근육들에서 힘을 빼고 오직 어깨 근육의 힘만으로 움직인다. 팔을 들어 올리는 동안 다른 사람의 손 위에 자기 팔의 무게를 모두 실어서 내려놓을 수 있다면, 불필요한 긴장을 없애는 데 성공한 것이다.

대부분 사람은 팔을 들어 올리는 내내 팔이 굳어있는 느낌이다. 손은 손목에서 늘어진 채로 팔을 머리 위로 높이 들었다가 무릎으로 떨어뜨리거나 옆으로 떨어뜨린다. 이때 팔꿈치를 '풀어서' 위팔이 가장 먼저 떨어지고 이어서 아래팔, 손의 순서로, 서로 이어붙인 세 개의 묵직한 모래주머니처럼 떨어지도록 한다.

팔을 어깨높이로 올려서 정면으로 돌린 다음, 아래로 떨어뜨릴 수도 있다. 팔이 자유로운지 확인하려면 옆에 늘어뜨린 팔을 어깨 근육으로 팅겨서 무릎으로 가도록 해본다. 팔이 마치 몸 옆에 매달린 모래주머니처럼 아무런 긴장 없이 오로지 어깨의 힘만으로 움직이는지 유심히 살핀다. 이것을 몇 차례 연습하여 두 팔이 긴장에 더욱 민감해질 정도로 이완이 되면, 평소 뭔가를 귀 기울여 들을 때, 말을 할 때, 걸을 때 하루에 백 번쯤 팔에 힘이 들어간 것을 깨달을 것이다.

가장 안정감을 주면서 유용한 척추 운동

● 날이 갈수록 불필요한 긴장에 대해 민감해지면 거기서 벗어날 수 있는 새로운 힘도 따라서 매일 커진다. 바로 이때가 진짜 연습을 시작할 시기다. 하루 한두 시간씩 이완하는 연습을 한다고 해도 그렇다. 획득한 자유를 바로바로 활용하고, 모든 행동을 더욱 자연스럽게 하려고 주의를 기울이지 않으면 아무 소용이 없다. 흔히 이렇게 말하곤 한다.

"내가 쓸데없이 힘을 많이 쓰고 있는 건 아닌지 종일 그것만 살피느라 시간을 허비할 수 없잖아요."

살피지 않아도 된다. 일단 올바른 방향으로 나아가기 시작했다면 불필요한 근육 수축을 감지할 때마다 힘을 풀기만 하면 그것으로 충분하다. 음악가가 피아노를 연주하다가 무심코 불협화음을 냈을 때 곧바로 고쳐서 연주하는 것처럼 자연스럽게 할 수 있는 일이다.

신체 전반이 자유로워지는 데 도움이 되는 동작 가운데 가장 안정감을 주는 동시에 유용한 것은 척추 운동이다. 설명하기에 이보다 더 어려운 동작이 없으며, 지도할 때도 가장 조심해야 한다. 훈련하다 보면 척추가 누릴 수 있는 자유로움에 비해 평소 얼마나 딱

딱해져 있는지 알 수 있다. 당연히, 다른 어느 신체 부위보다 더 확연하게 느껴진다. 조각들이 서로 느슨하게 연결되어서 손으로 꼬리 끝을 잡으면 사방으로 구부러지는 장난감 뱀처럼 척추도 척추뼈 하나하나가 확실하게 독립적이어야 한다.

분명 정도의 차이는 있을 것이다. 그러나 대부분 사람은 등뼈가 막대기처럼 뻣뻣하다. 척추와 등의 근육들이 자유로워져서 말을 잘 들으면 얻는 게 어떤 것일까. 이걸 알면 기분 좋게 놀랄 것이다. 물론 중추 신경계가 자리 잡은 곳으로서 척추가 자연스러운 상태면 신체의 여러 근육에 좋은 영향을 미친다. 반대로, 신체의 다른 부위 근육들이 자유로워지면 척추에도 긍정적이다.

우리가 서 있을 때, 걸을 때 다리가 자유롭게 움직이도록 도움을 주는 동작은 여러 가지다. 먼저 다리로 발을 흔들어서 발목 관절을 자유롭게 풀어준다. 윗다리는 그대로 두고, 아랫다리만 흔들어서 무릎에 있는 근육을 자유롭게 한다. 발판에 올라서서 한쪽 다리만 발판 밖으로 축 늘어뜨려서 고관절을 중심으로 둥글게 회전시킨다.

바닥에 선 자세로 고관절에서 다리를 최대한 높이까지 흔드는 동작은 움직임을 더욱 다양하고 자유롭고 편하게 한다. 모든 동작은 반드시 엉덩이에 있는 근육들만 힘을 써서 한다. 다리를 풀어주는 운동은 그밖에도 무수히 많다. 그리고 자유를 얻기까지 다양한 운동을 해야 할 때도 적지 않다.

일련의 운동으로 가슴과 허리에 있는 근육들을 풀어주었다면, 앞서 허리 근육으로 고개를 튕겼듯이 엉덩이 부분으로 온몸을 가볍게 튕길 수 있는지 보고 그 결과를 확인한다. 고개를 튕길 때 목 근육이 저절로 흔들려서 정말 기분 좋게 놀랐듯이, 온몸을 튕기면 허리 근육이 저절로 가볍게 흔들려서 신체의 자유가 어떤 것인지 새롭게 인식하는 계기가 된다.

몸을 튕기는 동작은 마치 척추뼈 하나하나가 단계적으로 움직이듯이 연속적이어야 한다.

이완을 배우는
초기 단계에서 하는 손의 훈련

● 어떤 동작에서도 근육들은 한꺼번에 일하지 않는다. 어떤 움직임이든 근육의 조화가 완벽에 가까울수록 제각각의 근육이 가지는 개별성이 더 뚜렷해진다. 자유롭게 움직일 수 있는 능력은 자연스러운 평형 상태에 도달한 다음에 길러야 한다. 왼쪽 다리에 체중

을 실으면 왼쪽 고관절이 약간 밖으로 튀어나온다. 이 때문에 결과적으로 몸이 오른쪽으로 살짝 굽혀진다. 그리고 균형을 이루기 위해 고개는 또 약간 왼쪽으로 기울어진다.

이제 천천히 편안하게 몸을 옮겨서 고개부터 전신이 똑바로 서도록 하고, 두 발에 체중을 분산한다. 이어서 오른쪽 발에 체중을 실어서 몸은 왼쪽, 고개는 오른쪽으로 가도록 한다. 척추 운동에서와 마찬가지로 이 운동을 하는 법은 천차만별이다. 주된 목적은 근육들이 독자적이고 개별적으로 일하는 동시에, 서로 조화롭게 일하도록 돕는 것이다. 또, 이 동작을 연습할 때마다 편안함과 자유로움을 새롭게 느낄 수 있다.

가슴은 쫙 펴고, 발바닥의 엄지발가락 아래 도톰한 부분으로 바닥을 밀어서 몸을 곧게 세운다. 가슴은 계속 쫙 펴고 있어야 한다. 두 발에 체중을 많이 싣는다고 생각할수록 근육들이 활동하기 자유롭다. 앞뒤로 척추를 움직이는 운동 역시 서 있는 자세로 한다. 온몸을 부드럽게 회전시키는 운동은 전신의 근육이 자연스럽게 움직일 수 있을 만큼 자유로운지 확인하는 방법이며, 운동하고 난 뒤의 느낌은 더없이 편안하다.

팔과 다리의 자유로운 움직임을 검토하는 절차는 당연히 따로 진행해야 한다. 신체의 각 부분이 서로 연결된 다른 부분과 따로 움직이는 법은 손목과 손가락들이 따로 움직이는 것을 보면 잘 설명이 된다. 개별적인 근육들이 서로 완벽하게 조정되어 협업하는 과정을 보여주는 좋은 예시이기도 하다. 아래팔을 편하게 움직이기 위해서는 그 동력이 위팔에 있는 것처럼 느껴져야 한다. 팔 전체를 움직이는 동력의 중심은 어깨에 있는 것처럼 느껴져야 한다.

다양한 운동을 통해 근육들이 자연스럽게 조정되는 상태가 되면 팔로 어깨부터 곡선을 그려서 우아한 한 마리의 뱀처럼 움직일 수 있다. 근육들이 참된 균형을 이룬다. 그러므로 이 동작을 하겠다고 머리로 생각한 것 말고는 저절로 동작이 이루어진 듯 느껴진다. 손과 손가락을 자유롭게 움직이기 위해서는 세심한 주의가 필요하다. 손은 뇌와 수시로 소통하는 부위이다. 그러므로 온몸의 긴장이 손에도 덩달아 자주 나타난다. 때때로 이완을 배우는 초기 단계에 손의 훈련이 이뤄져야 하는 이유이기도 하다.

모든 동작이 어떠한 무리도 없이 천천히

● 다리의 움직임을 위한 운동은 관절을 자유롭게 풀어주는 것이 목적이다. 그러므로 팔 운동과 마찬가지로 동작이 관절을 중심

으로 단계별로 진행된다. 발목에서 발을 자유롭게 하고, 아랫다리를 윗다리에서 자유롭게 하고, 윗다리는 엉덩이로부터 자유롭게 하고. 그리고 팔 운동에서 말한 바와 같이 다리를 움직일 때도 가장 위에 있는 엉덩이 부분에 동력의 중심을 두어야 한다. 그래야 관절이 자유롭게 움직일 수 있다. 그러면 팔 운동의 결과와 같이 다리의 동작도 우아하고 편안해진다. 단지 근육들이 자연스러운 평형 상태를 회복한 것만으로도 그렇게 된다.

몸을 움직이는 동력은 점차 몸통의 아랫부분에 우리가 가상으로 정한 중심에 모인다. 이것은 간단히 말해, 몸의 구석구석에서 과도한 긴장을 제거한다는 의미다. 이런 평형을 얻는 데 도움이 되는 운동은 무리하지 않고, 그저 생각으로 균형을 잘 잡으면서 차분하고 편안하게 하면 어려울 것도 없고 우아하다.

우선 오른팔을 사선이 되도록 앞으로 뻗고, 왼쪽 다리는 사선이 되도록 뒤로 뻗는다. 팔은 높이 들어야 하고 발은 바닥에서 멀리 떨어지지 않도록 하여 손목에서 발목까지 가능한 한 직선이 되도록 한다. 이 자세로 서서 왼쪽에서 오른쪽으로 온몸의 근육들을 한동안 지긋이 스트레칭을 한 후, 이완할 때도 역시 천천히 힘을 뺀다.

이제 당신의 팔과 다리가 조금도 긴장하지 않도록 유지하면서 천천히 흔든다. 그런데 이때 팔과 다리가 마치 하나로 연결된 것처럼 움직여야 한다. 몸이 허락하는 한도 내에서 수평에 가까운 지점까지 천천히 흔든다. 그런 다음 팔을 뒤로 회전시켜서 사선이 되도록 하고, 다리는 앞으로 회전시켜 사선이 되도록 한다. 다시 팔과 다리를 회전시켜 원래 수평 자세로 돌아온 다음, 다리는 아래로 내리고 팔은 위로 든다. 발이 다시 바닥에 거의 닿기 직전까지 팔과 다리는 항상 일직선을 유지하도록 한다.

이제 천천히 팔을 내리고, 발을 바닥에 내려놓아서 온몸의 체중이 점차 그쪽 다리에 실리도록 한다. 그리고 이번에는 오른쪽 다리와 왼쪽 팔을 들어서 회전시킨다. 이 모든 동작이 어떠한 무리도 없이 천천히 이루어져야 한다. 세트로 진행되는 특정한 운동은 몸의 움직임에 자유를 부여하는 것과 더불어 일상의 활동을 개선하는 효과가 있다.

첫 번째 세트는 '빅 리듬(Big Rhythms)'이라고 부른다. 그 이유는 주로 몸에 있는 큰 근육들의 율동적인 움직임으로 구성되어 있기 때문이다. 한 발로 서는 동작을 하면 큰 근육들을 사용할 때 자연스러운 조정력이 생기는 동시에, 평소 몸의 자세가 균형을 이룬다. 마치 음악에서 주요 화음을 연습해서 귀가 그 화음에 익숙해지도록 청력을 단련하는 것과 같다.

두 번째 세트는 편의상 '리틀 리듬(Little Rhythms)'이라고 부른다. 이 운동은 큰 근육뿐 아니라, 모든 작은 근육들을 포함한다. 심지어 손가락까지 운동 범위에 들어간다.

세 번째 세트는 튕기고 빠르게 움직이는 동작이며, 특히 팔과 다리의 관절에 집중하는 운동이다.

몸을 자유롭게 하는 연습을 위한 동작

● 신체가 자유로운 자연의 상태면 우리 몸이 취할 수 있는 동작의 범위도 대단히 넓어진다. 마치 음계에 있는 모든 음을 낼 수 있는 악기가 다채로운 소리와 화음을 연주할 수 있는 것처럼 말이다. 이렇게 자연스러운 동작의 범위가 넓어지면, 순수하게 예술적인 동작들도 경이로운 경지에 오를 수 있다. 그래서 나날이 밝아오는 빛처럼 우리 앞에 열린다.

곡을 연주할 때 자신이 연주하고 있는 기술적인 과정이 아니라, 그 연주가 만들어내는 소나타, 왈츠, 녹턴을 느껴야 하듯이 몸을 움직일 때도 그렇다. 단지 우리 몸의 표면적인 우아함이 아니라 큰 근육부터 작은 근육까지. 이렇듯 모든 근육이 만들어내는 아름답고 자연스러운 하모니를 본인이 느끼고, 남들도 느끼도록 해야 한다.

우리의 움직임은 처음부터 마지막까지 한 곡의 소나타가 되어 템포를 변조한다. 그리고 테마를 유지한다. 또, 청각으로 음악을 받아들이듯 시각을 통해 영혼에 울림을 준다. 그러나 현재 인체의 상태를 생각하고, 예술적 움직임의 최고 경지에 도달하려면 한 세대 이상의 세월이 흘러야 가능할 것이다. 혹은 그 첫걸음이라도 떼려면 말이다. 자연을 조명한 것이 곧 예술이다. 그렇다면 누구든지 그 원본인 자연을 어렴풋하게나마 이해하고 체험한 뒤에야, 예술을 시도하는 것이 올바른 순서일 것이다.

앞서 언급한 세트 운동은 글로 설명하는 것이 매우 부적절하다. 그러나 이 운동들 역시 자연스러움을 추구하기에 우아한 동작이다. 이 운동을 연습하면서 가장 먼저 생각해야 할 점은 이렇다. 그것이 목적을 이루는 데 쓰이는 도구일 뿐, 목적 자체는 아니라는 사실이다. 빅 리듬과 리틀 리듬, 그리고 튕기는 동작들을 거듭해서 연습하면서 자연스러운 움직임이 몸에 배도록 하고, 그것이 점점 더 우리가 하는 모든 행동에 스미도록 하는 것이 목적이기 때문이다.

근육을 사용하는 운동을 할 때 뇌의 활동은 최소한으로 제한해야 한다. 그래야 어떤 운동이든 그 결실이 커진다.

바로 직전 움직임이 남긴 인상을 모두 제때 지우는 능력이 우수하면 새로운 움직임을 배우기가 쉬워진다. 모든 동작을 편하게 하도록 훈련하다가 어느 정도 시간이 지나 움직임이 편해지면 두뇌의 활동이 잠잠해진다. 다시 말해, 이미 알고 있는 모든 동작에서 근육들이 저절로 자연스러운 조정력을 발휘하면 그렇다는 것이다.

새로운 움직임을 배울 때도 전신을 이완하는 법을 먼저 익혀라. 그러면 신체가 자유로운 상태로 필요한 근육들을 고를 수 있다. 따라서 불필요한 근육을 이것저것 시험하느라 신경이 과로하지 않아 정신적 노동을 많이 줄일 수 있다.

자연스러운 조정력이 바탕이 된 편안한 움직임은 근육에 기름 칠한 것처럼 순조롭게 작동하는 느낌을 준다. 이를테면, 자연스러운 걷기는 팔다리를 흔드는 데 필요한 근육과 서 있을 때 필요한 근육이 서로 교대로 활동하고, 교대로 쉬는 율동적인 작용으로 이루어진다. 가슴은 쫙 펴고, 옆구리 근육들은 자유롭게 다리와 조화를 이루어 움직인다. 자세는 살짝 앞으로 기울어져서 발바닥으로 바닥을 밀면 온몸에 있는 탄성이 작동한다. 두 팔은 아무런 긴장 없이 자연스럽게 흔들린다. 자유로이 움직이는 몸으로 걷는 것은 흔히 가장 좋은 휴식이 된다. 몸을 자유롭게 하는 연습을 위해 구성된 다양한 동작을 하며 우리가 깨달을 수 있는 것은 무엇일까. 바로 '사람의 몸 전체가 완벽하게 조화를 이루는 활동이 몸 곳곳에 생기를 불어넣는다'는 점이다.

POWER THROUGH REPOSE

XIV

마인드 트레이닝

● ● ●

． ． ．

필요 이상의 긴장이 있어야
일이 더 잘된다고 주장하는 사람들이 제법 많다.
이상한 일이지만, 그들 대다수가 분별력이 있는 사람들이다.
그러는 편이 '자신에게 자연스럽다'는 게 그들의 설명이다.
그럴지도 모르겠으나,
자연의 섭리로 보자면 자연스럽지 못한 일이다.

● 당연한 이야기지만, 이런 신체 훈련은 동시에 정신을 훈련하는 것이기도 하다. 본질적인 의미로는 의지를 훈련하는 것이라고 할 수 있다. 이 훈련이 어떤 것인지 깊이 생각해보고 바탕을 이루는 원칙을 곰곰이 따져 보면, 처음부터 끝까지 오롯이 의지의 훈련이라고 해도 맞는 말이다. 누가 뭐라고 해도 이것이 바로 훈련이 목표로 하는 지향점이다. 또, 훈련이 시작되는 출발점이다.

모즐리는 이렇게 말했다.

"자신의 근육을 다스릴 줄 모르는 사람은 정신을 집중하는 법도 모른다."

우리에게 주어진 모든 능력을 잘 사용하기 위한 훈련은 근육에서 시작해서 신경으로 이어진다. 그다음에야 감각과 정신으로 나가야 한다는 말이 있다. 이것은 그다음에 따라와야 순서상 자연스럽다는 것이다. 이 모든 과정이 의지로 이루어져야 한다. 원인이 있으면 필연적으로 결과가 따른다는 인과율에 따른 것이다. 이에 따라,

건강하게 사는 데 걸림돌이 되는 것은 무엇이든지, 쓸데없이 근육을 수축하는 개인적인 습성까지도 의지의 힘으로 점차 제거해 나가야 한다.

아이가 자신의 능력으로 근육을 자유롭게 하기, 모든 감각을 통해 받은 인상을 깔끔하게 전달하는 신경을 갖기, 그것을 인식하는 열린 마음을 갖기, 매번 새롭게 마주치는 감각이나 진실에서 최상의 것을 찾아내는 걸 즐기는 의지를 갖기, 이런 일들을 우리가 나서서 돕는다면 그 아이가 다른 사람과 자신의 성장을 위해 발휘하지 못할 힘이 무엇이랴.

창조는 완벽하게 일관적이다. 근육을 다스리는 데 적용되는 법칙은 감각과 정신을 훈련할 때도 똑같이 작용한다.

새로운 움직임은 이전 움직임의 인상을 전부 지우는 능력이 뛰어날수록 수월하게 배울 수 있다. 빠르고 예민한 감각은 지금 사용하지 않는 다른 감각들을 잠재운다. 그리고 이것은 사용하는 감각에 남아있는 이전 인상을 지우는 능력에 좌우된다.

진정한 의미에서 정신의 집중이란 생각의 중심이 되어야 하는 대상 외에 다른 모든 것들을 내려놓는 능력을 말한다. 어떤 사람에게 어려운 수학 문제를 주면서 그것을 해결할 때까지 정신을 집중하라고 말하면 어떨까. 그는 주먹을 꽉 쥐고, 목구멍을 조이고, 이를

앙다물고, 그 외에도 우리가 알 수 없는 신체 곳곳에 있는 근육들을 수축시켜서 힘을 쓰지 않아도 되는 수십, 수백 곳에서 에너지를 연소하여 낭비한다.

이것은 집중이 아니다. 집중은 필요한 곳에 힘을 모으는 것을 의미한다. 그런데 뇌에서 수학과 관련된 능력만 동원해야 하는 시점에, 몸의 여기저기에서 수많은 근육이 불필요하게 노동하느라 힘이 분산된다. 그러면 정작 필요한 곳에 힘을 모을 수 없다.

자연스럽게 일하는 법을 아는 또 다른 사람에게 같은 문제를 풀도록 하면 어떨까. 그는 본능적으로 그 즉시 근육과 신경에서 '이전 인상들을 모두 지우고', 불필요한 긴장으로 찡그린 얼굴이 아닌, 차분하고 진지한 표정으로 작업에 집중한다. 문제만 놓고 보면 두 사람의 결과가 같을지 모른다. 그러나 문제를 풀고 나서 둘의 몸 상태는 현저하게 다를 것이다.

학생들이 과로하는 숨겨진 이유

● 필요 이상의 긴장이 있어야 일이 더 잘된다고 주장하는 사람들이 제법 많다. 이상한 일이지만, 그들 대다수가 분별력이 있는 사

람들이다. 그러는 편이 '자신에게 자연스럽다'는 게 그들의 설명이다. 그럴지도 모르겠으나, 자연의 섭리로 보자면 자연스럽지 못한 일이다. 우리 방식을 버리고 자연의 방식을 받아들이는 것이 처음에 아무리 어려워도 나중에 얻는 결실은 매우 크다.

적당한 운동은 혈액 순환을 왕성하게 한다. 그리하여 뇌에 자극을 주기 때문에 신체 활동이 활발할수록 뇌는 일하기가 수월해진다. 그래서 어떤 사람은 걷는 동안 생각이 더 잘된다고 한다.

신경의 불필요한 운동은 이야기가 전혀 다르다. 당장은 도움이 되는 것처럼 보일 수 있다. 하지만 결과적으로 정신력을 강화하기는커녕 꾸준히 약하게 한다. 우리 몸이 불필요한 노력을 쏟는 것을 알아차리는 감각만 열려 있다면, 건강한 방식으로 뇌의 활동을 촉진하는 운동과 쓸데없는 긴장을 구별하는 것은 어렵지 않다.

이렇게 힘을 잘못된 곳에 사용하는 것이 학교에서 학생들이 과로하는 숨겨진 이유이다. 그로 인해 결국 몸이 쇠약해지곤 하는데, 주로 여학생들이 이런 경우가 많다. 할 일이 너무 많기 때문이 아니다. 자연스럽게 공부하는 법, 올바르게 집중하여 최소한의 노력으로 학습을 빠르고 확실하게 하는 법을 알지 못해서이다. 이런 학생들은 두뇌만 사용하면 될 때도 몸에 있는 온갖 근육을 다 써가면서 공부한다. 제대로 학습하지 못하면 어쩌나 하는 걱정은 덤으로 따라다닌다.

　이런 아이들을 공부 걱정에서 해방하는 훈련이 가능하며, 지금 껏 실시하기도 했다. 학생들은 공부에 대한 걱정 하나만으로 신경의 긴장이 극심한 경우가 많다. 실제로 공부가 아니라, 그 걱정 때문에 지치고 병드는 사례도 적지 않다. 걱정은 두뇌를 긴장시킨다. 학업이 최선의 방식으로 이루어지지 않는 것 같다는 어렴풋하고 불확실한 느낌 때문에 필요 이상의 압박감에 시달리기도 한다.

　걱정이 많은 학생은 차분히 공부하여 성과를 높이지 못하고, 갈수록 불안감에 짓눌린다. 엉클어진 줄 때문에 화가 난 아이를 보면, 조금만 인내심을 발휘해 쉽게 줄을 풀 수 있는데도 신경이 잔뜩 곤두서 있다. 그렇게 짜증을 내면 매듭은 갈수록 단단하게 엉킨다. 공부는 참으로 애매한 것이라서 공부하는 방법을 개선할 수 있다는 사실을 깨닫기란 쉽지 않다. 그러니 어쩌면 걱정이 많은 학생을 엉킨 줄을 든 어린아이와 비교하는 것은 한계가 있을지도 모르겠다.

정신을 집중하는 훈련은
근육에서 시작해야 한다

● 개선의 가능성은 의외로 쉽게 발견할 수 있다. 공부하는 방법에 문제가 있는 한 여학생을 맡은 적이 있다. 그 여학생에게 중력에 온몸을 맡길 수 있도록 바닥에 누워 보라고 했다. 그런 다음, 아이가 몸에서 힘을 빼고 수동적인 상태가 되도록 도와주었다. 그래서 적어도 겉으로 보기에 고요한 상태가 되었을 때, 학교에서 배우는 과목들을 죽 말해보라고 시켰다.

대답하려고 입을 열기도 전에 아이의 몸이 신경의 작용으로 움찔거렸다. 그때 머리부터 발끝까지 온몸의 근육이 눈에 띄게 조금씩 실룩거렸다. 나는 아이가 다시 고요한 상태로 돌아오도록 시간을 들인 다음, 다시 같은 질문을 했다. 신경성으로 움찔거리는 것이 또 나타나자, 이번에는 아이 스스로 놀라면서 말했다.

"어머, 정말 우습지 않아요? 생각만 하면 온몸이 저절로 움직이잖아요!"

드디어 루비콘강을 건넌 셈이었다. 아이가 자신의 몸에서 나타나는 쓸데없는 긴장을 알아차린 것이다. 그 이후 아이가 온몸을 움직이지 않고도 생각할 수 있도록 훈련했다. 그러자 아이는 질문들에 편안하고 차분하게 대답했다. 나아가 더 자세한 표현도 곁들일 수 있도록 훈련했다. 이처럼 전보다 훨씬 수월하게 공부하는 모습을 보기까지의 과정은 매우 즐거웠다.

모든 아이가 이런 훈련을 받아야 한다. 어느 정도 받아야 하는지는 개인차가 있을 것이다. 꾸준하고 정규적으로 진행해야 한다. 그러므로 훈련도 이렇게 해야 한다. 우리는 힘을 오용하는 세대를 너무 많이 거쳐 왔다. 이런 터라, 자연스럽게 힘을 쓸 수 있는 상태로 빠르게 돌아갈 길은 어디에도 없다. 한 걸음, 한 걸음 단계적으로 가야 한다. 마치 복잡한 기계를 사용하는 법을 익히듯이 그렇게 가야 한다. 우리에게 광범위하고 무한한 힘을 가져다주는 훈련을 고작 기계의 사용법을 배우는 것에 비유하는 것은 반드시 적절한 건 아니다. 물론 발달의 첫 과정만 보면 이런 비유도 모자람이 없지만 말이다.

정신을 집중하는 훈련은 근육에서 시작해야 한다. 먼저 근육에서 의지를 남김없이 제거하는 법을 배운다. 다음은 한쪽 팔에 의지를 불어넣는다. 그리고 몸의 나머지 부분이 전부 완벽하게 자유로운 상태로 이완되는 법을 배운다. 우선 팔을 느리게 가만히 뻗었다가 이완하고, 다음은 주먹을 쥐고 팔꿈치가 접힐 때까지 온 힘을 다해 팔을 당긴다.

별것 아닌 것 같지만, 이 정도로 자기 근육을 다스릴 줄 아는 사람이 열에 하나는 고사하고 백에 하나도 드물다. 한쪽 팔을 수축시킨 상태에서, 자유로운 상태여야 하는 반대쪽 팔을 들었다가 떨어뜨리길 몇 차례 해보면 불필요한 긴장을 확연하게 느낄 수 있다. 그 밖에도 다른 사람의 도움 없이 자유로운 팔을 테스트하는 방법은 다양하다.

온몸에 있는 각각의 근육은 다른 근육들이 동조하여 수축하는 일 없이 독립적으로 수축할 수 있어야 한다. 그러자면 원하는 근육에 의지를 부여하는 힘을 키워야 한다. 집중이라는 단어가 가지는 진정한 의미를 생각하면 이것이 집중의 시작이다. 새로운 신체 부위에 의지를 불어넣기 전에 반드시 온몸이 완벽하게 자유로워져야 한다는 사실을 명심해야 한다.

이때 몸이 자유로운 상태를 한번 '감지'했다고 끝난 것이 아니다. 우리가 원하는 순간에 바로 그 상태로 돌아갈 수 있어야 완전히 자기 것으로 만들었다고 말할 수 있다. 한순간에 '이전 인상들 지우기'를 할 수 있어서 그것이 바위처럼 든든한 토대가 되면, 우리는 그 토대 위에 집을 지어야 한다.

열중하는 힘을 기르는 훈련

◉ 다음으로 이어지는 과정은 자유롭게 생각하고 말하는 법을 배우는 훈련이다. 첫 단계는 쓸데없는 근육 수축에 관한 것이다. 교실에서 뭔가를 암송할 때 가만히 지켜보면 아이들은 두 손을 가만히 두지 않는다. 그러지 말라고 하면 아이들은 애를 써서 두 손을 굳은 자세로 두지만, 불편해하고 힘들어한다.

아이들에게 신체의 자유로움을 되찾아 주고, 손을 움직이는 게 꼭 필요한 일이 아니라는 사실을 느끼도록 도와주면 어떨까. 아이가 지금 아는 것보다 훨씬 자유로운 느낌 속에 암송하는 법을 가르칠 수 있다. 가끔 아이를 바닥에 두고, 고요히 생각에 몰두하는 법을 가르치기도 한다. 같은 방법으로 찬찬히 대답하는 법도 훈련할 수 있다. 이런 방식은 언제나 세심한 주의를 기울여서 지켜보며 진행해야 더 나은 효과가 있다.

그러나 이 방법을 학생 수가 많은 교실에 적용하는 것은 적합하지 않다. 그럴 때는 의자에 앉거나 서서 할 수 있는 다른 이완 운동을 해야 한다. 그리하여 아이들의 몸이 정상적으로 자유로운 상태가 되도록 이끌어준다. 근육 수축을 해소하여 아이가 자기 뜻대로 편안하게 생각하고, 또 표현하는 데 방해가 되는 요인을 없애는 것이다.

　이완하는 동작을 하면서 동시에 아이에게 어떤 장면 – 예를 들어 셰익스피어의 작품에 나오는 한 장면 – 을 묘사해 보라고 시키는 방법도 있다. 이렇게 하면 근육 수축을 더욱 민감하게 감지할 수 있다. 불필요한 근육 수축은 당연히 그 자체로 피해야 하는 증상이기도 하다. 생각이 곧바로 이루어지는 것을 어렵게 한다. 아이는 조용히 생각하고, 자신이 생각한 바를 차분하고 똑바로 표현할 수 있어야 한다. 물론 이런 훈련은 상상력을 키우는 효과도 있다.

　이 모든 훈련을 통해 느끼고, 표현하는 통로가 탄탄하게 닦인다. 그러므로 자연히 이런 능력들이 더욱 자유롭게 성장할 수 있다. 차분하게 생각하고 표현하는 과정은 여러 각도로 훈련을 진행해야 한다. 눈으로 보았거나, 상상했거나, 기억한 것을 천천히 묘사하는 연습부터, 신속하고 정확하게 답해야 하는 암산 문제를 푸는 등 빠른 사고가 요구되는 여러 활동까지 다양하게 훈련한다.

　이것은 물론 열중하는 힘을 기르는 훈련이다. 여기서 열중이란 올바르게 집중한다는 의미다. 또, 대부분 사람이 습관적으로 하듯이 긴장하여 열중하는 것을 뜻하지 않는다. 긴장하여 열중하는 습성은 그 자체로 비정상이다. 그러면서 다른 비정상적인 반응을 일으키기도 한다. 각각의 감각기관을 사용할 때 이처럼 자연스럽게 열중하는 법을 배워야 한다. 그래야 눈으로 볼 때, 귀로 들을 때, 혀로 맛볼 때, 코로 냄새를 맡을 때, 손으로 만질 때, 빠르고 정확하게 느낄 수 있다. 그리고 필요하다면 즉각 표현할 수 있다. 인체의 에너지를 아껴주는 자연의 섭리에 순응하면서 이 모든 과정이 이루어져야 한다.

자유로운 상태로 공부하는 능력을 키우면 어떻게 될까. 학습이 잘되고 난 뒤 배운 내용을 말끔하게 잊었다가 나중에 그 내용을 다시 암송한다거나, 어디 쓰일 곳이 생긴다거나 할 때 언제든지 떠올릴 수 있다. 한편, 놀 때는 일을 몽땅 잊어버리고 놀기만 하는 것이 우리에겐 상당히 어려운 일이다.

'이전 인상들을 전부 지우기'를 배우지 못하면 절대로 극복할 수 없는 문제가 되기 쉽다. 테니스도 좋고, 삼각함수도 좋다. 뭐든지 그 순간 자신이 하는 한 가지 일에 집중하는 능력, 그리고 손에 잡은 것을 적절한 시점에 곧바로 전부 내려놓고 새로운 마음으로 다음 일이나 놀이에 전적으로 열중할 수 있는 능력은 평생 우리의 몸과 마음을 건강하게 지키는 비결이다.

꼭 필요한 근육에만 의지를 불어넣기

● 문제는 두려움이다. 우리에게는 믿음이 없다. 아이는 뭔가를 배우고 난 뒤에 그 내용을 줄곧 생각하지 않으면 잊어버릴까 두려워한다. 이런 아이에게 배운 내용을 계속 생각하지 않고, 잊히면 잊히는 대로 내버려 두게 가르쳐 보라. 나중에 그 내용을 다시 떠올릴 때 이전보다 더 또렷하게 머리에 새겨져 있는 것을 깨닫고 놀란다. 학습은 건강에 좋은 음식을 먹고 소화하는 과정과 다를 게 없다고 믿어야 한다. 걱정하고 초조해하면 소화가 안 될뿐더러, 공부도 잘 안된다.

사용이 끝난 근육을 편안히 풀어놓을 줄 알면 머리에 든 내용을 내려놓는 능력도 키울 수 있다. 근육이 다시 필요해져서 사용할 때 더 생생해져 있듯이, 머리에서 지웠던 내용은 무의식중에 더욱 성장한 것처럼 다시 떠올릴 때 전보다 더 확실하게 파악되는 느낌이다.

머리 쓰는 법을 훈련할 때는 리듬의 법칙을 잘 지켜야 한다. 한 번에 너무 오래 훈련해서는 안 된다. 그러면 자연스러운 반응을 끌어내기가 불가능하다. 연달아 공부하는 내용은 가능한 한, 서로 동떨어진 것으로 계획을 세우는 것이 좋다. 한 가지 지적 능력이 건강하게 반응하기 위해서는 전혀 다른 영역의 지적 능력을 사용하는 것이 도움이 된다.

특히 교실에서는 이런 원칙을 유념하여 학생들이 배우는 모든 과목에서 최선의 성과를 거둘 수 있도록 잘 따져 보아야 한다. 그러고 나서 계획을 세워 정규 수업을 진행하는 것이 바람직하다.

'이전 인상들을 모두 지우기'를 잘하기 위해서는 우선 휴식을 취하는 것처럼 몸과 마음을 평온하게 해야 한다. 교실에서 고요하고 율동적으로 호흡부터 하는 것이 가장 큰 도움이 된다. 두 눈은 빠르게 감거나 떠서는 안 된다. 천천히 부드럽게 감았다 떴다 해야 한다. 평소보다 조금 길게 호흡하면서 50회 정도 숨을 쉬면 교실이 차분해진다. 마음이 산만해지는 것을 막기 위해 수를 세어가면서 호흡하도록 한다. 고요한 상태와 거리가 있는 표정이 나타나는 경우가 종종 있으니, 학생들의 얼굴을 아주 유심히 지켜보아야 한다.

이럴 경우를 대비해 처음에는 이완을 위한 간단한 동작으로 수업을 시작하는 게 나을 때도 있다. 그러다가 나중에는 항상 호흡을 먼저하고, 이완하는 운동을 그 후에 한다. 그런 다음 근육을 다스리는 연습을 한다. 한쪽 팔에만 힘을 모으고, 몸의 나머지 부분은 전부 자유로운 상태를 유지한다. 이런 식으로 간단한 여러 가지 운동을 통해 꼭 필요한 근육에만 의지를 불어넣는 능력을 키울 수 있다.

기계적으로 암기하는 훈련은 해롭다

● 근육 운동이 끝나면 학생들에게 한 가지 주제에 생각을 모으라고 지시한다. 주제는 학생들 가운데 한 사람이 선택하도록 한다. 그리고 1분 정도 사고하기에 적당한 주제를 고를 수 있게 조언한다. 처음에는 한 가지 주제를 1분 동안 생각하는 것이 불가능해 보인다. 하지만 자연스럽게 집중하는 법을 배우면서 1분 동안 생각하는 능력도 금방 키워진다. 우리가 억지로 한 가지 생각을 붙들고 있는 게 아니라, 다른 생각들이 끼어들지 못하게 막음으로써 한 가지 생각이 우리를 붙들고 있게 된다.

후자의 경우에는 생각의 흐름이 한 가지 주제에서 다음 주제로 편안하고 즐겁게 이어진다. 그래서 마치 생소한 길을 걸어가며 예상하지 못한 신선한 장면들을 사방에서 목격하는 것 같은 기분을 불러일으킨다. 그런 다음 학생들에게 꽃 이름, 나무 이름, 나라 이름, 작가 이름, 화가 이름 등등 무엇이든 주제 하나를 정해서 목록을 생각해보라고 한다. 그리고 1분 동안 누가 가장 많이 떠올리는지 알아본다.

처음에는 목록을 생각하다가 걸리고, 삐걱대고, 머뭇거리기도 한다. 하지만 계속 연습하면 줄줄 편하게 이름이 생각나게 된다.

다음은 시력의 민첩성과 정확성을 키우는 연습을 한다. 그다음은 청력, 마지막으로 기억력 순으로 연습을 진행한다. 꾸준히 도움을 제공하고 조언하면서 이런 연습을 하면 학생들은 자연스럽게 집중한다.

기억력을 훈련할 때는 특히 조심해야 한다. 기계적으로 암기하는 훈련이 얼마나 해로운지는 가늠하기 힘들 정도이다. 몸과 마음이 휴식하여 자유로워져야 시력, 청력, 기억력 등 모든 능력을 더욱 잘 활용하는 길이 열린다. 그러면 교사는 그 어느 때보다 명민하게 깨어있는 자세로 지도해야 한다. 학생들이 배우는 내용에 담긴 진정한 의미를 깨우치도록 말이다. 글자에 담긴 뜻과 정신을 볼 수 있도록.

그러려면 첫째, 암기할 가치가 있는 뭔가를 신중하게 골라서 학생에게 제시해야 한다. 둘째, 구체적인 단어보다 의미를 먼저 기억하도록 해야 한다. 단어는 상징이다. 그 사실이 생각의 바탕에 늘 깔려 있으면 하나의 단어를 듣고 연상되는 내용은 점점 더 풍부해진다. 이런 습관이 잘 길러지면 시를 한번 슬쩍 보기만 해도 남들이 여러 번 읽은 것보다 더 많은 것을 볼 줄 안다. 아주 많은 것을 볼 수 있다고 그 시를 단어 하나 틀리지 않고 외울 수 있어야 하는 것은 아니다.

기억력을 키우는 훈련은 우선 열중하는 법부터 훈련해야 한다. 그런 다음, 상상력을 키우는 훈련과 연상하는 사고력을 키우는 훈련 순서로 진행되어야 한다. 이러한 능력들을 열어주어야 참된 기억력을 키울 수 있다. 긴 글을 한 번 듣고 줄줄 외우는 기계적인 암기력은 위험할 수 있으니 경계하는 게 좋다. 시나 다른 글을 읽을 때 학생들에게 우선 머리로 그 내용을 그려 보라고 한 다음, 머리에 그린 내용을 학생 자신의 말로 묘사하도록 해 보라.

만약 원래 그 시나 글에 작가가 쓴 단어들이 기억할 만한 가치가 충분하다면, 학생이 머리에 그린 내용에서 그 단어들이 자연스레 나올 것이다. 이런 방식으로 일련의 흥미로운 생각이나 도움이 될 만한 생각을 학생들에게 가르칠 수 있다.

단지 기계적으로 이루어지는 것은 피해야 한다고 반드시 강조하고 싶다. 몸과 마음을 건강하고 자연스럽게 다스리기 위한 연습은 우리가 마땅히 순응해야 하는 자연의 섭리를 올바르게 인식하고 마음에 새기지 않고는 성공할 수 없기 때문이다. 자연의 섭리에 순응하여 그 결과를 몸소 느끼는 경험은 성장에 꼭 필요한 양분이다.

POWER THROUGH REPOSE

XV
예술에 관한 생각

● ● ●

● ● ●

예술은 우리보다 위대하다.
우리가 자유롭고 고요하면 시, 음악, 그림이 우리를 이끌어 가고
우리는 자신의 표현에 그저 놀랄 따름이다.
작업이 끝난 뒤에는 자신의 성과에 자만하며 우쭐하지 않고,
혹은 무리하게 노력을 쏟아붓고 기진맥진하지 않으며,
마치 강한 바람이 내면을 휩쓸고 지나간 듯 상쾌한 기분으로
다음 일을 잘할 수 있는 기운이 생긴다.

● 사람들은 예술을 표현하는 다양한 분야에 지대한 관심과 시간을 쏟고 있다. 그러나 어떤 도구의 사용법을 익히기에 앞서 맨 먼저 숙달되어야 하는 도구에 별로 관심을 두지 않으니 참으로 기이하다. 첫 도구를 다룰 줄 알아야 두 번째 도구를 완벽하게 다루는 법을 배울 수 있다.

어떤 노령의 화가가 그의 그림을 칭찬하는 친구에게 감사를 표하며 이런 말을 덧붙였다.

"자네가 내 머릿속에 있는 그림을 볼 수만 있다면! 그런데……."

화가는 자기 머리를 손으로 가리키고, 이어서 자기 손끝을 가리키며 이렇게 말했다.

"여기서부터 여기까지 가는 길이 너무 멀다네!"

화가의 탄식에서 느껴지는 몹시도 구슬픈 어조는 예술적 노력을 기울일 때 드러나는 우리 세대의 결함을 강력하게 시사한다. 노령의 화가가 말하는 그 길은 개방된 정도와 거리가 정확히 비례한다. 그러므로 넓게 열려 있으면 가까워지고, 좁게 닫혀 있으면 멀어진다. 뇌에서 손끝까지 가는 길이 깔끔하게 열려 있으면, 뇌는 자신이 받은 영감이 손끝에서 그대로 실현되도록 인도한다.

뇌가 꾸밈없이 솔직하게 표현되어야 언제나 더욱 이상적인 열매를 맺는다. 그러나 신체의 어느 부분이든 쓸데없이 긴장되어 있으면 뇌에서 손끝까지 가는 길은 시원하게 열리지 못한다. 예술가는 갑갑해질 수밖에 없다. 예술에서 최상의 표현을 구사하기 위해서 몸은 하나부터 열까지 오직 정신을 따르는 하인이어야 한다. 어린아이와 같은 상태로 돌아가는 훈련이 필수적인 것으로 여겨지지 않는 현실은 생각할수록 이해하기 어렵다. 몸을 위해 매일 영양분을 섭취하듯, 이런 훈련도 정규적인 과정이 되어야 한다.

인공적인 것은 억지로 짜내고 어설프게 완성해 가야 하므로, 모든 단계가 긴장의 연속이다. 예술은 자유이며, 평형이고, 리듬이다. 건강한 삶, 그리고 진정으로 선하고, 참되고, 아름다운 것을 향한 성장을 의미하는 것은 무엇이든 전부 예술이다.

예술의 실현에 적용되는
가장 뛰어난 법칙

● 예술은 우리보다 위대하다. 우리가 자유롭고 고요하면 시, 음악, 그림이 우리를 이끌어 가고 우리는 자신의 표현에 그저 놀랄 따름이다. 작업이 끝난 뒤에는 자신의 성과에 자만하며 우쭐하지 않고, 혹은 무리하게 노력을 쏟아붓고 기진맥진하지 않으며, 마치 강한 바람이 내면을 휩쓸고 지나간 듯 상쾌한 기분으로 다음 일을 잘할 수 있는 기운이 생긴다.

천재는 모두 이런 원칙을 잘 따르는 자이다. 그들은 자신의 의사와 상관없이 예술의 법칙에 따라 움직이며, 예술의 힘이 그들에게 스며들어 있기 때문이다. 그러나 오직 재능만 있는 사람은 천재를 움직이는 법칙들, 즉 자연의 섭리를 일부러 배워야 한다. 그리고 그 섭리가 힘을 발휘하는 데 방해가 되는 모든 개인적인 습성들을 버릴 수 있도록 열심히 공부하고 꾸준하게 연습해야 그것이 이끄는 대로 살아갈 수 있다.

현악기에 다른 사람의 손길이 지나가서, 혹은 우리가 좀 전에 건드려서 이미 울리고 있는데 그 여음이 사라지기도 전에 그 악기를 연주하고 싶은 사람이 있을까. 그런 연주라면 듣기 좋은 하모니는 꿈도 꾸지 못하고, 귀에 거슬리는 불협화음이 될 게 뻔하다. 우리의 신경과 근육도 이것과 똑같다.

개인의 상태나 습성이 작용하여 이미 팽팽하게 긴장하여 진동하는 신경과 근육은 예술적인 목적을 이루기 위해 최상의 능력을 발휘하는 데 사용될 수 없다. 그러니 먼저 근육과 신경을 완전히 자유롭게 풀어주지 않으면 안 된다. 부단한 연습으로 근육과 신경을 자유롭게 유지하는 것도 중요하다. 하지만 긴장하여 일하다가도 단번에 완벽하게 자유로운 상태로 전환할 수 있도록 훈련해야 한다. 이것이 가능해야 무엇이든 우리의 가슴과 머리가 표현하고자 하는 것에 명료하게 반응할 준비가 된 것이다.

훌륭한 악기일수록 깃털같이 가벼운 손길에도 울린다. 아니, 화성이 또렷한 듣기 좋은 음악 소리를 내려면 반드시 손길이 가벼워야 한다. 그렇지 못하면 소리가 흐리멍덩해진다. 훌륭한 피아노나 바이올린이라면 포르티시모(fortissimo)로 아주 강하게 연주하든, 피아노(piano)로 여리게 연주하든 연주자의 손에는 명료한 울림에 꼭 필요한 정도로만 힘을 실어야 한다. 포르티시모의 효과도 얼마나 쉽게 낼 수 있는지 놀라울 정도이다. 훌륭한 피아노로 한 음도 흘려버리지 않으면서 웅장하고 힘 있는 하모니를 만들어내는 것은 누구보다 섬세한 손길을 가진 연주자만 가능한 일이다.

인체라는 악기는 아주 가벼운 손길에도 환상적으로 반응한다. 그러므로 사람이 만들어낸 그 어떤 악기보다 뛰어나다. 괜한 힘을 쓰면 쓸수록 흐리멍덩한 반응만 키운다. 근육들은 조화로운 움직임을 위해 제각각의 힘이 전부 절묘하게 균형을 이룬다. 특정한 근육을 한 방향으로 당기면 그 근육과 짝을 이루는 길항근이 대등한 힘으로 작용하기 때문에 우리는 거의 힘을 쓰지 않는 것처럼 느낀다. 아주 드물게는 완전한 평형 상태가 나타난다. 이 평형을 유지할 수 있으면 어떤 움직임, 어떤 음, 어떤 단어의 조합을 머리로 떠올리기만 해도 몸이 술술 움직여서 일을 해내니, 정말 털끝만큼도 힘을 쓰지 않은 것처럼 느껴진다.

이처럼 가벼운 손길로 몸을 사용하는 것이 너무 먼 이야기처럼 되어 버렸다. 지금의 우리는 따로 훈련하지 않으면 가장 강력한 반응을 끌어내는 가벼운 손길을 구사하는 것이 불가능하다. 예술의 실현에 적용되는 가장 뛰어난 법칙 가운데 하나는 다음과 같다.

'애쓰는 것은 매일 줄이고, 힘은 매일 늘린다.'

인간 본성의 여러 단면을
섬세하게 느끼기

● 여러 예술 영역 가운데 오직 연기만 특별한 도구 없이 온몸을 사용한다. 그러므로 불필요한 긴장을 해소하여 최선의 결과를 얻을 수 있다는 주제와 관련해서 연기를 살펴보도록 하자. 대단히 흥분되는 역할을 연기하고 난 뒤에 진이 모두 빠지는 것은 불필요한 힘을 많이 소모한 탓이다.

내가 그 감정에 푹 빠져서 신경들이 감정으로 요동치면 관객에게 그것을 생생한 표현력으로 전달하지 못한다는 것은 예외 없는 진리다. 그러면 부족한 연기가 되는 것에 그치지 않고, 신경의 힘을 많이 낭비한 상태로 무대에서 내려온다. 이처럼 분명한 법칙을, 틀림없이 영향력을 행사하는 법칙을 사람들은 믿지 않을뿐더러 아예 고려조차 하지 않는다.

줄리엣을 가슴으로 느껴야 하고, 머리로 그녀를 이해해야 하며, 나의 신경을 통해서 그녀가 명료한 울림이 되어 관객에게 전해져야 한다. 그런데 줄리엣의 신경이 요동치듯 내 신경이 요동치는 순간, 내가 줄리엣이라는 존재에 푹 빠져버린다. 그 바람에 신경의 힘을 오용하고 기진맥진한 상태로 무대에서 내려온다. 하지만 결과적으로 관객은 줄리엣을 느낄 기회를 얻지 못한 셈이다.

극예술이 지금처럼 낮은 수준에 머무는 것은 신경의 힘을 자연스럽게 사용해야 한다는 사실을 이해하고 몸소 실천하지 못하기 때문이라고 해도 과언이 아니다. 감정을 고조시켜서 연기하는 선배 배우의 모습을 어린 배우 지망생들이 멋모르고 따라 한다. 하지만 몹시 위험할 수 있는 행동이다. 자칫 잘못하면 자신의 신경을 흥분시켜서 경증, 혹은 중증의 히스테리를 불러오는 길이 된다.

예술과는 거리가 먼 이런 해로운 신경 흥분은 실제로 남녀를 막론하고 스스로 감정을 통제하는 능력을 위태롭게 한다. 이렇게 되면 배우는 신경이 문제를 일으켜서 건강에 적신호가 켜진다. 그리고 무대의 분위기는 계속 지금처럼 어둡고 모호할 수밖에 없다. 일부러 신경을 흥분시키기 시작하면 나중에는 더욱 인위적인 자극이 필요해진다. 이런 배우는 무대를 벗어나는 순간, 자제력을 상실하곤 한다. 이것이 전부 힘의 오용과 남용을 의미한다. 전반적인 영향력을 고려하면 건강을 해치기 가장 쉬운 학교가 웅변과 연기를 가르치는 곳이다.

인위적인 자극을 해야 하는 상태를 극복하는 방법은 어렵지 않다. 매우 간단하면서도 금방 효과를 얻을 수 있다. 그러므로 시간과 지면을 할애하여 간략하게나마 설명할 가치가 충분하다. 물론 가장 먼저 할 일은 휴식할 때 몸이 완벽하게 자유로운 상태가 되도록 훈련하고, 이어서 몸을 움직일 때도 자유롭도록 훈련하는 것이다. 본격적인 연습은 매우 단순한 방식이다.

우선 가능한 한 최고로 이완된 자세를 취한다. 그다음, 그 자세를 바꾸지 않은 채 격정적인 연극에서 고른 대사나 풍부한 감정이 실린 시의 구절을 생생하게 표현을 잘 살려가며 암송한다. 이때 몸에서 긴장하는 구석이 생기면 곧바로 감지할 수 있다. 그러니 이럴 때마다 암송을 멈추고 긴장을 푼다. 처음에는 하루에 한 시간 연습하는 동안 첫 대사만 계속 반복해야 할 만큼 신경의 긴장이 두드러질 것이다. 그러나 계속 노력하면 기다린 만큼 충분한 보상을 받는다.

간단한 호흡부터 시작하는 것도 괜찮은 방법이다. 코로 숨을 죽 들이마시고, 입으로 고요하게 내뱉기를 몇 차례 반복한다. 그런 다음 숨을 들이마시고 내쉬면서 기쁨, 감탄, 흥분, 감동, 충격, 슬픔, 분노 등 생각해 낼 수 있는 온갖 종류의 감정을 실어서 소리를 낸다. 이 소리는 숨을 내쉬듯이 편하고 자유롭게 흘러나와야 한다. 또, 몸의 어느 부분이든 쓸데없는 긴장이 나타나서는 안 된다. 이 정도 자유를 얻고 나면 이전과 같이 숨을 들이쉬고 내쉬면서 감정이 많이 드러나는 간결한 문장을 내뱉는다.

초반에는 표현이 아주 단순한 문장부터 시작한다. 그리고 긴장 없이 발화하는 능력이 나아지면 점점 더 표현이 풍부한 문장으로 발전시킨다. 〈로미오와 줄리엣〉에서 줄리엣이 독을 마시는 장면이나 〈맥베스〉에서 맥베스 부인의 격정적인 대사도 불필요한 긴장 없이, 놀랄 정도로 편안하고 자유롭게 암송할 수 있을 때까지 이런 연습을 계속한다. 이것은 오직 목소리에 국한된 훈련이다. 또, 앞서 14장에서 다룬 훈련 방식은 연기에서 몸동작을 다듬을 때도 효과가 있다.

일단 이러한 능력을 키운 배우는 감정이 풍부한 역할을 하고 난 이후라도 극심한 피로를 느껴서 어김없이 다음날은 공연을 쉬어야 하는 일이 없어진다. 단지 육체적인 피로가 줄어드는 효과만 있는 게 아니다. 관객에게 감명을 줄 수 있는 표현력, 강렬한 연기를 펼칠 수 있는 능력이 꾸준히 좋아진다.

나이가 아직 어린 친구들이 가슴에서 우러나오는 본인의 감정을 올바르게 표현하는 능력이 부족할 때도 같은 방식으로 극복할 수 있다. 이완하면 통로가 열리고, 통로가 열리면 시적 감성이 되었든 극적 감성이 되었든 진실한 감성을 억누를 수 없다. 이 후련함은 마치 감옥에서 풀려난 기분과 같다. 자의식, 신경의 긴장 등이 원인이 되어 생긴 개인적인 문제들은 그 원인을 따질 필요 없이 그저 이완하는 것만으로 치료되는 경우도 허다하다.

극예술에서의 재능이란 인간 본성의 여러 단면을 섬세하게 느끼고, 빠르고 예민하게 공감하며, 이런 단면들을 표현하는 능력이다. 이와 같은 능력을 발달시키려면 진지한 노력과 관심이 꼭 필요하다. 더불어 신경은 자유롭게 두고 우리 뜻대로 다스릴 수 있어야 올바르게 표현할 수 있다. 연기하면서 날아갈 듯한 기쁨으로 신경이 진동하거나, 잘못된 공감으로 동요하는 법이 없어야 한다. 그저 가슴으로 느끼고 머리로 이해한 배역을, 혹은 한 편의 시를 그대로 전하는 통로로서 신경은 감정에 얽매이지 않고 자유롭게 열려 있어야 한다.

너무 냉정하게 들릴 수도 있다. 그러나 냉정한 것이 아니라 연기를 할 때 불필요한 신경 긴장을 해소하는 과정일 뿐이다. 방해되는 요소를 이렇게 제거하면 진실로 공감하는 감정이 오히려 더 강하고 충실해지며, 지각은 더욱 예민해진다. 오직 감정에 겨워 신경을 흥분시키며 하는 연기밖에 모르는 사람은 배우로서의 진정한 재능이 얼마나 위대한지, 어떤 힘을 발휘하는지 알 도리가 없다.

자연으로 돌아가는 훈련

● 극예술에는 차이가 뚜렷한 세 부류가 있다. 하나는 히스테리 극예술, 두 번째는 가식적 극예술이다. 처음 것은 감정적 흥분과 신경의 탈진을 의미하고, 두 번째는 인위적으로 자극하는 느낌을 말한다. 정직한 극예술이 세 번째이며 가장 참된 예술이다. 배우가 가진 예술적 가능성을 최고로 끌어올려 줄 수 있는 훈련이라니 얼마나 근사한가! 배우라면 꼭 받아야 할 훈련임이 틀림없다.

마음이 내리는 모든 명령에 환상적으로 반응하는 자유로운 신체는 필수불가결한 요소이다. 따라서 완벽한 신체 훈련이 절대적으로 필요하다. 고귀한 생각들을 인지하는 빠르고 예민한 지각, 그리고 각각의 관념을 구별할 줄 알고, 하나의 관념이 다른 관념들과 어떤 관계인지 아는 힘도 길러야 한다. 연기에서는 관념 하나, 단어 하나라도 배우가 표현하고자 하는 생각의 틀 안에서 제자리를 잡고 명료하게 전달해야 하기 때문이다.

인간에 대한 폭넓은 공감 능력, 인간 본성의 단면들과 자신을 동일시할 수 있는 상상력, 배우로서 평범한 수준을 뛰어넘는 이상을 가진 사람이라면 꼭 갖춰야 할 요소들이다. 방금 말한 이런 요소들은 폭넓은 인간애가 바탕이 되지 않으면 얻을 수 없다. 누군가를 진실한 눈으로 바라보려면 그 사람과 공감할 수 있어야 한다. 그리고 누군가와 공감하기 위해서는 그 사람을 사랑할 수 있어야 한다. 또 누군가를 사랑하기 위해서는 자기 자신을 잊어야 하기 때문이다.

이 모든 요건, 즉 신체의 상태, 그리고 이해와, 넓은 마음은 잘 훈련된 목소리 - 최소한의 몸과 최대한의 영혼으로 내는 목소리 - 로 표현하는 내용에 모두 담기는 듯하다.

내가 말하는 훈련은 언제나 자연으로 돌아가는 훈련을 의미한다. 이전에도 말했듯이, 만약 자연을 조명한 것이 예술이라면 우리는 예술에 닿기 전에 먼저 자연을 발견해야 한다. 문제는 연기라는 분야는 예술적인 것과 인위적인 것의 차이를 명확하게 이해하거나 인식하기가 다른 어느 예술 분야보다 어렵다. 그러나 인위적인 것은 예술의 지옥이라 불러도 좋다. 진실로 예술적인 것이 천국과 같음을 깨닫고 나면, 둘의 차이가 극명하게 드러난다.

진정성과 간결함은 예술의 토대이다. 인위적인 예술은 이 두 가지를 꾸며내려 하지만, 실패하는 경우가 많다. 자연스러움을 되찾는 훈련을 하면 연기할 때 신경의 힘을 상당히 아낄 수 있는 표면적인 효과가 있다. 그러나 절정의 기량을 키우기 위해서는 진정성 있는 예술적 표현이라는 단순한 목표 하나를 가슴에 품고 오로지 그 길로 나아가는 수밖에 없다.

연기에 관한 이야기는 여기까지다. 연기는 연구할 가치가 실로 대단한 분야이며, 온몸을 다루는 예술이다. 그러므로 다른 어느 예술 분야보다 더욱더 건강한 영향을 줄 수 있어야 한다. 그러나 요즘은 철저하게 건강을 외면하고, 해로운 쪽으로 흐르는 듯하니 참으로 안타까운 현실이다.

몸이 자유로우면 노래를 부르기 쉽다

● 연기를 주제로 서술한 모든 내용은 노래에도 똑같이 적용된다. 특히 연기 일부로 노래하거나, 오페라에서 노래할 때 더욱 그렇다. 다만, 노래를 부를 때는 더 주의할 필요가 있다. 고음을 깨끗하게 소화하려면 우선 몸이 고요한 상태, 완벽하게 자유로운 상태여야 한다는 것을 알고 있는 가수가 별로 없다.

먼저 노래를 부르지 않을 때 몸이 어느 정도 자유로운 상태에 도달한 다음 고음을 내면, 전신에서 불필요한 긴장이 발생하는 것을 민감하게 감지할 수 있다. 그러다가 나중에는 몸이 자연스럽게 쉬고 있는 상태로도 똑같은 고음을 낼 수 있는 법까지 배울 수 있다. 그리고 나면 자연스러운 노래법과 부자연스러운 노래법의 차이가 두드러지게 느껴진다. 고음뿐 아니라 모든 음, 그 음들의 모든 조합에서 차이를 느끼게 된다.

고음을 가장 먼저 언급한 이유는 가장 심각하기 때문이다. 대부분 가수는 고음을 내야 하는 순간이 가까워지면 혹시라도 음이 매끄럽게 올라가지 않으면 어쩌나 하는 두려움을 느낀다. 많건 적건 어느 정도는 모두 그렇다. 이런 두려움이 바로 긴장으로 나타난다. 그러므로 고음을 낼 때 몸을 이완하는 법을 배워야만 한다. 몸이 자유로우면 노래를 부르기가 한결 수월해진다.

우리 몸은 완벽하게 하나의 시스템이다. 그러므로 온몸이 자유로운 상태가 아니면 목소리가 바라는 대로 나오지 않는다. 일단 몸이 자유로워지고, 몸도 목소리도 자유자재로 다스릴 수 있는 상태를 유지할 수 있어야 한다. 그러면 노래는 음악적 감성을 한껏 머금은 채 터져 나오고, 노래하는 이의 심오한 해석이 그대로 느껴진다. 불행히도 요즘 대중가수의 노래를 들어보면 노래하는 기교에만 전적으로 매달린다는 느낌을 강하게 받는 경우가 심심찮게 있다.

만약 노래를 잘 부르는 데 이런 자유가 도움이 된다면, 아니 필요하다면 당연히 오페라 무대에도 빠질 수 없는 요소이다. 이것이 있어야만 오페라 가수에게 정말 흔한, 나무토막처럼 뻣뻣하게 움직이는 모습을 조금 덜 볼 수 있다. 몸이 자유로운 사람은 노래가 연기를 끌어내는 것처럼 보인다. 위대한 작곡가, 그리고 자유자재로 반응할 수 있는 배우가 만나면, 음악과 배우의 몸이 하나가 되어서 곡에 실려 있는 감성을 생생하게 살려낸다. 가사가 없는 간주곡은 가수의 영혼에도 큰 울림을 준다. 그러니 가만히 있든, 움직이든 가수는 살아 숨 쉬는 음악이 된다. 또, 관객은 시각을 통해 감명을 받으니 귀로 듣는 즐거움이 두 배가 된다.

이런 수준은 현실보다 이상에 가깝다. 잘 알고 있는 사실이다. 그러나 아주 불가능한 이야기는 아니다. 적어도 대부분 오페라를 차라리 눈을 감고 음악만 듣고 싶은 지금보다는 훨씬 나아질 수 있다.

지금까지 사람의 몸이 유일한 도구로 이용되는 예술의 표현에 대해 살펴보았다. 몸으로 부수적인 도구를 사용하는 경우라고 해도 몸을 풀어주는 기초적인 훈련이 필요하기는 다를 게 없다.

피아니스트는 손가락을 자유자재로 움직이고, 자신이 연주하는 곡에서 영혼을 끄집어낼 수 있는 손길을 익히기 위해 몇 시간이고 연습한다. 자기 몸에 있는 다른 근육들이 긴장하고 있는 한, 신경의 힘이 딴 방향으로 쓸데없이 사용되는 것을 내버려 두는 한, 뇌에서 손가락까지 가는 통로는 말끔하게 열릴 수 없다는 것을 모르는 채로 말이다. 연주는 손가락으로 하는 게 아니라, 사실상 연주자의 뇌로 하는 것이다. 매혹적인 손놀림을 할 수 있으려면 뇌와 손가락을 연결하는 통로가 활짝 열려 있어야 한다.

곡을 연주하면서 리듬에 몸을 맡기는 모습을 보는 것은 정말 근사한 경험이다. 비록 동작이 크지 않지만, 불필요한 긴장으로 딱딱하게 굳어있는 피아니스트와 비교하면 천지 차이다. 연주자가 긴장하지 않고 활짝 열린 통로로 연주할 때 그 손놀림의 차이는 명백하게 입증된 바 있다. 아울러 손 운동과 팔 운동을 하고 난 이후에는 연주자의 주법이 눈에 띄게 자유로워진다.

바이올린을 연주할 때 역시 신체가 평형을 이루는 움직임이 필요하다. 사실 모든 곡 연주에서 필요하다고 말할 수 있다. 신체의 완벽한 자유를 먼저 얻어야 부수적인 다른 도구를 사용할 때 최상의 기량을 연마할 수 있는 법이다.

그림을 그릴 때 몸이 자유로울수록 정신이 이끄는 대로 더 완벽하게 움직일 수 있다. 직선, 곡선, 혹은 그 두 가지 선들의 조합이 분명 머리에는 선명하게 떠오르는데, 손이 뇌가 시키는 대로 움직이지 않아서 망치는 그림이 수두룩하지 않은가. 그렇다고 신체가 자유로워지면 당장 손이 뇌가 원하는 대로 쓱쓱 잘 움직인다는 뜻은 결코 아니다. 그저 몸을 자유롭게 하여 정신의 완벽한 하인이 돼라. 그러면 더 짧은 시간에, 더 직접 정신의 지시가 몸에 전달되어 실행

된다. 그러므로 무엇이든 정신이 바라는 바를 달성하기에 적합한 통로가 된다는 의미다.

어떤 형태를 띠는 예술이든, 극치에 이르면 간결함의 법칙이 완벽하게 드러난다.

예술 표현의 여러 형태를 계속 나열하자면 지루한 글이 되고 말 것이다. 이 정도면 민감하게 반응하고, 신속하게 지시에 따르며, 주인의 명령을 표현하기 위해 열려 있는 자유로운 신체의 필요성은 충분히 피력했다.

POWER THROUGH REPOSE

XVI

시험이 찾아와도
흔들리지 않기

● ● ●

• • •

자연의 섭리를 일부분이라도 지키며 사는 사람은

넘어져도 그 어려움을 극복하는 때를 기다리는 인내력이 남다르다.

그는 자신의 병과 자신을 분리한다.

이 방식은 아무런 채비도 필요 없이 저절로 이루어진다.

심지어 본인조차 어떤 방식인지 알지 못한다.

약물이나 기타 외적인 도움이 없어도

자신의 내면에 언제든 기꺼이 꺼내 쓸 수 있는

진통제가 갖춰져 있다.

우리 선조들의 경구를 잠시 빌리자면, '푸딩 맛은 먹어봐야 안다.' 짤막하지만 힘이 있는 표현이다.

이 책에서 제시하고 있는 법칙들이 진정 자연의 섭리라면 우리 건강과 기운을 지켜주어야 한다. 우리가 이 법칙을 충실하게 전적으로 잘 따르는 한, 그것은 진실이다.

그렇다면 이런 법칙들을 가르치는 지도자나 배우는 학생은 절대로 아프지 않을까? 지쳐서 쓰러지거나, 신경이 과민해지거나, 쇠약해지는 일도 없을까? 물론 그들도 때로는 병들고, 때로는 지쳐서 쓰러질 지경이 되기도 한다. 과로하는 일도 생기며, 이에 따르는 부작용으로 갖가지 고통에 시달리기도 한다.

그러나 이들은 자연의 법칙을 아예 몸에 익히지 않은 사람들보다 훨씬 큰일을 하거나 더 힘든 일을 할 때 이런 결과들이 나타난다. 이들의 몸 상태가 나빠지는 것은 이 법칙들을 단지 일부만 지키고 있었던 탓도 있다. 법칙들을 잘 지키면 긴장과 과민한 신경과 녹초가 된 몸으로 건강이 상하는 일은 피할 수 있다. 다른 원인 – 물리적 요인, 유전 등 – 으로 병에 걸려도 이 법칙을 잘 따른 사람이라면 심신의 안정을 유지하는 힘이 있다. 그래서 시든 나뭇잎이 나무에서 떨어지듯 질병이 어느새 기세를 잃고 몸에서 떨어져 나간다.

또 일대에서 가장 지혜로운 성직자에게 이렇게 물어본다고 치자.

"당신이 아는 진리가 한순간도 당신을 실망하게 하지 않던가요? 언제나 그 진리의 힘으로 침착하고 고귀한 마음이 변함없이 유지되나요?"

이 성직자가 아무리 위대하고 선한 인물이라 할지라도 그처럼 완벽한 경지는 이 세상에 살아있는 동안은 이룰 수 없다.

우주의 모든 진리, 모든 종교 진리의 토대가 되는 영적인 진리와 정확하게 평행을 이루는 것이 바로 몸의 평화와 평형을 가르쳐주는 진리이다. 종교가 영혼이 필요로 하는 모든 것을 다루듯이, 이 진리는 몸이 필요로 하는 모든 것을 다룬다. 사람은 누구나 생각과 행동이 끊임없이 성장한다. 하지만 그래도 가끔은 어처구니없는 상황에 있기도 하고, 비틀거리는 순간을 직면하기도 한다. 몸이 고요한 평형 상태를 이룬 사람도 똑같다. 아무리 뜯어봐도 평형을 유지하는 능력이 놀랍도록 강한 사람일지라도 비슷한 시험에서 비틀거리기도 한다. 다른 사람들을 바람직한 방향으로 이끄는 능력을 갖추고 도 정작 본인은 좋지 못한 상황에 빠지는 일도 생긴다.

이런 평행성을 제대로 인식하는 것, 그리고 삶에서 영혼을 위한 진리와 몸을 위한 진리가 마침내 하나가 되는 것은 매우 중요하다. 그러므로 재차 묻는다. 영혼을 완벽하게 다스리는 능력이 한순간에 생길 수 있을까? 그렇다면 몸을 다스리는 능력은 어떨까?

인체가 얼마나 경이로운 구조로 만들어져 있는지 생각해보라. 얼마나 경제적으로 절묘하게 돌아가는지. 이런 굉장한 구조의 세세한 부분까지 통제하는 힘이 단번에 충만하게 생길 수 있는 것인가? 평생을 들인다고 생길 수 있을까?

그러나 자연의 섭리를 일부분이라도 지키며 사는 사람은 넘어져도 그 어려움을 극복하는 때를 기다리는 인내력이 남다르다. 그는 자신의 병과 자신을 분리한다. 이 방식은 아무런 채비도 필요 없이 저절로 이루어진다. 심지어 본인조차 어떤 방식인지 알지 못한다. 약물이나 기타 외적인 도움이 없어도 자신의 내면에 언제든 기꺼이 꺼내 쓸 수 있는 진통제가 갖춰져 있다. 그는 '자신을 떠받치는 든든한 두 팔'의 존재를 느낄 수 있다. 이런 긍정적인 경험이 가능하기에 잠깐씩이라도 고통을 잊는다.

평온한 사람은 조언을 얻어야 할 때를
예민하게 알아차린다

● 고통을 겪고 나서 얼마나 힘들었는지, 그 고통스러운 느낌을 계속 머리로 곱씹으면서 또다시 고통이 덮쳐올 때를 생각하며 줄곧 자기 연민에 빠져있으면 어떨까. 고통은 더 오래가고 심해지기 쉽다. 몸과 마음의 휴식을 이미 터득한 사람은 시험에 들어서 환자가 되어도 날마다 어제와 오늘을 철저하게 분리한다. 그리고 매 순간을 지난 시간과 분리한다. 더 나아가 매 호흡을 이전 호흡과 분리한다고 말해도 좋을 정도이다. 그들은 자연의 힘을 믿고, 그 손에 자신을 온전히 맡기면 기운이 회복된다는 믿음이 정말로 굳건하다.

그렇다고 그들이 외부의 도움이나 예방책을 거부하는 것은 아니다. 몸과 마음이 평온한 사람은 휴식하면서 다른 이들의 조언을 얻어야 할 때가 언제인지 누구보다 예민하게 파악한다. 그리고 건강한 생활 리듬을 되찾을 수 있도록 필요한 지시는 빠짐없이 성실하게 지킨다.

이런 지시를 잘 따른다고 해서 거기에 중점을 두지는 않는다. 치료를 위한 주의사항은 수단으로 삼을 뿐 목적이라고 생각하지 않는다. 그들이 중점을 두는 것은 자기 안에 잠재된 힘이다. 그 힘이 흐

트러지거나 혼란에 빠지면 어느 누가 나서도, 어떤 도움이 있어도 소용없다는 것을 그들은 잘 알고 있다.

자연의 섭리를 몸으로 익힌 환자는 정상적인 생활로 돌아온 후에도 활기를 꾸며내지 않도록 조심한다. 거짓 활기는 또 다른 문제의 신호탄이 될 게 분명하기 때문이다. 자신의 몸이 돌아가는 이치에 대해 큰 교훈을 얻었으니, 자신을 이롭게 하는 기회로 그것을 삼는다. 이전에 몸이 자유로웠던 부분은 더욱 좋아지고, 자유롭지 못했던 부분은 나날이 개선되도록 차분히 수련한다. 낮은 강도로 훈련을 이어가고, 자유로움이 신체 곳곳으로 꾸준히 확장되며 자신의 시스템 속으로 깊숙이 스며들도록 한다. 그리하여 다시 병들어 앓아누울 위험을 줄여나간다.

자연의 섭리를 열심히 배우는 와중에도 '병들어 앓아눕는' 원인을 몇 가지 짚어보도록 하자.

첫째, 몸을 고요하고 자유롭게 하는 자신의 능력을 과신하는 경우이다.

"나는 이완하는 법을 알고 있으니 이 정도 일은 해낼 수 있어."

잘 생각해보면 이 말은 이치에 어긋나므로 이렇게 고쳐 말해야 한다.

"나는 이완하는 법을 알고 있으니 이 일은 피해야 한다는 걸 알겠어."

그것은 체조선수가 훈련을 좀 받았다는 이유로 힘든 동작도 거뜬히 해낼 수 있다고 경솔하게 생각해서 근육을 마구 혹사하는 것과 같다. 세상에 자기만족처럼 어리석은 것은 없다. 이런 실수를 비롯하여 비슷한 성질의 갖가지 실수들은 우리의 어리석음이 빚어낸 산물이다. 이런 실수들을 방지하지 않으면 반드시 곤경에 처하게 된다.

운동할 여건이 안 된다면
호흡으로 균형을 찾아야 한다

◉ 어떤 사람은 훈련하고 난 뒤에 너무 쉽게 이완하는 경향을 보여서 곧 지나치게 이완할 위험이 있다. 그들이 기억해야 할 것은 우리가 도달하려는 상태는 평형이며, 활동과 이완이 균형을 이루도록 하여 그 평형에 도달해야 한다는 사실이다. 이완은 단지 목적을 달성하기 위한 수단일 뿐이다. 그러므로 지나치게 이완하는 등 잘못된 길로 빠지는 것은 경계해야 한다. 나중에 더 많은 활동을 하고, 더 잘 쓰일 수 있는 몸을 만드는 것이 우리의 목적이다.

체조선수가 근육을 발달시키는 목적을 착각하여 발달한 근육 자체를 대단한 것으로 여기면서 그것이 수단이 아니라 목표라고 오인할 수 있다. 그렇듯이 신경의 힘을 잘 사용하기 위해 이완하는 훈련을 하는 사람 또한 같은 착각에 빠진다. 후자의 경우 나타날 수 있는 착각의 징후는 혈액 순환이 부진하다거나 몸을 쓰는 활동을 몹시 꺼리는 태도이다. 이런 사람들은 평온하고 만족스러운 느낌으로 지낸다. 하지만 이런 느낌조차 힘든 일을 이겨낼 만큼 견고하지 않아서, 아주 사소한 시험이 닥치는 순간 덧없이 사라져 버린다.

매번 이완하는 훈련을 하고 난 이후에 싱싱해진 몸과 마음으로 자기 일에 관심이 새롭게 솟아나서 의욕적으로 살지 못한다면 뭔가 잘못돼 있다는 것을 깨달아야 한다.

이런 모든 실수를 피하려면 매일 하는 일을 점검하고, 그것이 바탕이 되어 다음날은 그보다 조금 더 나아지도록 해야 한다.

만약 당신이 절실하게 이완이 필요한 상태라면, 다시 말해 휴식이 절실하다면 신선한 공기를 마시면서 운동하는 기회를 늘려야 한다. 운동할 여건이 안 된다면 호흡으로 균형을 찾아야 한다. 느리고 고르게 호흡하면 우리 몸을 도는 혈액의 흐름이 왕성해지므로, 얼마간은 운동과 비슷한 효과를 얻는다.

쓸데없이 수축하는 부자연스럽고 비경제적인 삶의 방식을 바꾸면 처음에 이상 증상들이 나타난다. 그런데 이것을 이완 때문이라고 오인하지 말아야 한다. 이러한 이상 증상들의 원인은 이완이 아니다. 알코올중독자, 마약중독자가 술과 마약을 끊으면 나타나는 괴로운 증상들은 나쁜 습관을 버려서 나타나는 현상일 뿐이다. 바른 생활로 돌아간 탓은 아닌 것과 같은 이치이다. 얼핏 보기에는 차라리 다시 술을 마시고, 마약을 해서라도 평온한 상태로 돌아가야 할 것처럼 보이지만, 그렇게 얻은 평온함은 가짜이다.

문제를 일으키는 원인 한 가지를 더 꼽자면, 특히 지도자 없이 혼자 훈련하면서 운동을 실제로 하는 게 아니라, 형식적으로 흉내만 내는 습성이다. 이럴 때 필요한 테스트는 이전에 이미 설명했다.

당신이 행하는 훈련을 당신의 삶과 분리하지 마라. 그러나 훈련을 할 때는 그 훈련으로부터 당신의 삶을 철저하게 분리하라. 훈련하지 않는 시간에는 언제나 그 두 가지가 조화롭게 어우러지도록 하라. 즉, 당신이 훈련하는 효율적인 힘의 사용이 곧 당신의 일상이 되도록 하라. 그러면 얼마든지 명랑하고 활달하게 생활해도 그 이후에 피곤을 느끼는 후유증이 나타나지 않는다.

진정한 자유로움을 지키는 유일한 길

● 이상적인 평형 상태에 도달하기 위해 훈련하다가 시험이 찾아와도 흔들리거나 실망하지 마라. 곧바로 왜 이런 일이 생겼는지 꼼꼼하게 원인을 따져 보고, 그것을 제거하여 더 나빠지지 않도록 하라. 지혜롭고 평온하게, 평소 행동 방식대로 일상을 유지하라. 당신이 아주 미미하게라도 평형의 감을 잡았다면 쉽게 실수하여 선을 넘는 법이 없어진다.

자신에게 주어진 시험과 이에 대한 공포로 우울한 생각이 든다면 어떻게 해야 할까. 그럴 때마다 자기 몸의 무게에 집중하거나, 숨을 최대한 느리게 쉬면서 호흡에 집중하라. 그리하여 그 생각에서 벗어나라. 진정으로 자신을 자유롭게 하면 좌절감을 비롯한 온갖 왜곡된 마음이 점차 힘을 잃어가다가 결국은 사라진다.

혹시 이런 마음이 당신이 생각하는 것보다 더 오래 계속되더라도 포기하지 말고 노력을 계속하라. 나를 위해, 그리고 남을 위해 쓸 수 있는 능력이 쑥쑥 자라는 결실을 얻는다. 결실의 크기는 굴복하지 않고 노력을 계속해 나가는 힘과 정확히 비례한다는 사실을 잊지 마라.

진정한 자유로움을 지키는 유일한 길, 그리하여 언제라도 우리

253

를 도우려는 대자연의 자비로운 손길을 받아들일 준비가 되는 길은 자기 나름의 병증에 대한 생각을 가능한 한 멀리하는 것이다.

소화불량인 사람은 자나 깨나 위장에 관한 생각이 가장 먼저 들기 마련이다. 위장 때문에 시시콜콜하게 어떤 행동을 하고, 어떤 행동은 자제하고, 온통 그놈의 위장을 중심으로 인생이 돌아간다. 뇌, 심장, 폐, 그 밖에 몸에 있는 여러 기관이 제아무리 잘 돌아가도 주인의 관심 밖이다. 이렇게 오로지 위장밖에 모르는 사람의 다른 신체 기관들은 서서히 위장의 종으로 전락하고 만다.

잠을 잘 못 이루는 사람은 잠을 숭배한다. 그러다 못해 인생이 곧 잠이고, 깨어있는 인생은 하등 가치가 없다고 생각하는 게 아닌가 싶을 정도이다. 자신이 잠을 자고 있지 않다는 생각이 뇌리에 박혀서 낮잠이라도 올 것 같다 싶으면 당장 시계부터 확인한다. 잠을 얼마나 쉽게 이루었나, 얼마나 오래 잤나 점검하며 흐뭇해한다. 또 왜 매일같이 밤에 잠이 오지 않는지 고민한다.

그 무엇도 이런 우상 숭배보다 더 심하게 몸과 마음을 위축시키지 않는다. 몸과 마음이 위축되니, 혈액과 신경호르몬도 제 갈 길을 마음껏 흘러가지 못한다.

부디 진지하게 훈련에 임하자. 참된 평형에 한 걸음이라도 가까워지면 어떤 어려운 시험이 우리를 괴롭힐지라도 흔들리지 말고 그

성과를 고수하자.

부질없는 긴장과 그릇된 목표에 힘을 낭비하는 법 없이 고요하게 작용하는 섭리를 우리는 위대한 자연에서 본다. 그 섭리가 신의 위대한 창조물인 인간의 몸에서도 더욱 또렷하고 명료하게, 그리고 확연하게 펼쳐질 수 있도록 우리가 할 수 있는 일을 꾸준하게 열심히 해야 한다.

POWER THROUGH REPOSE

XVII

합리적으로
자신을 돌보는 법

● ● ●

• • •

자신을 건전하게 돌봐야 한다는 필요성을 깨달으면

전적으로 자기중심적인 이유에서

자신을 돌보는 것이 해롭다는 것을 차츰 인식한다.

그리고 이타적인 것의 기준이 더 명확하고 뚜렷해진다.

자기중심적으로 자신을 돌보는 것은 인생을 앗아간다.

공감하는 능력이 닫히고, 남을 위한 유용한 일이 불쾌하게 느껴진다.

반면, 남들에게 유용한 사람이 되고자 자신을 돌보면 공감 능력이 활짝 열린다.

그리고 더욱 유용하게 활용할 수 있는 힘이 갈수록 커진다.

● 몸과 마음이 모두 힘든 일을 몇 주 동안이나 치러야 했던 여성이 있었다. 이 일을 마치고 나서도 생생하고 건강한 기분을 잃지 않은 그녀를 보고, 친구들이 어떻게 피곤해하지 않느냐며 놀라워했다. 그러자 이 여성은 웃는 얼굴로 이렇게 말했다.

"일을 치르는 내내 나 자신을 아주 잘 돌보았답니다. 늘 일찌감치 잠자리에 들었고, 언제든 쉴 수 있을 때마다 쉬었지요. 영양가 있는 음식만 골라 먹었고, 기회가 될 때마다 신선한 공기를 마시면서 운동도 했어요. 이 일은 꼭 마무리를 지어야만 하는 일이라는 걸 알고 있었거든요. 내가 과로하면 그걸 잘 해낼 수 없잖아요."

덕분에 그 힘든 일은 그녀를 지치게 하기는커녕, 도리어 기운을 새롭게 한 것이 분명했다.

만약에 대다수 사람이 비슷한 처지에서 그러듯이, 그 여성이 자신을 돌볼 시간적 여유가 없다고 고집했거나, 그렇게 자신을 돌보는 게 이기적이라고 느꼈다면 맡은 일을 잘 해내지 못했을 것이다.

그리고 일이 끝나면 피곤을 이기지 못하고 축 처져서, 안쓰러워하는 친구들에게 이렇게 토로했을 것이다. 그것은 정말 '녹초가 되지 않고 해내기란 불가능한 일'이었다고. 그러면 친구들도 백 번 공감하며 그녀를 대단한 사람으로 생각했을 것이다.

유명한 어느 작가는 글 쓰는 일을 처음 시작할 무렵, 아내와 가족들을 부양하기 위해 매일 오전 9시부터 오후 5시까지 일하는 다른 직장에 다녀야만 했다. 일을 마치고 집에 돌아오면 6시에 저녁을 먹고 7시에 잠자리에 들어서 새벽 3시까지 자고 일어난다. 그러고 나서 커피를 한 잔 마시고, 8시에 아침을 먹기 전까지 글을 썼다. 운동은 출근하고 퇴근할 때 걸어 다니는 것으로 대신했다. 이렇게 규칙적인 생활을 고수한 덕분에 건강을 조금도 잃지 않고서, 드디어 글을 써서 버는 돈만으로 가족을 편히 부양할 수 있었다. 이때부터 그는 평범한 생활로 돌아왔다.

뇌가 자극을 받아서 들뜨면 기운이 떨어진 줄도 모르고 일을 계속하기 마련이다. 만약 그 작가가 직장에서 피곤한 몸으로 집에 돌아와서 밤늦도록 글을 쓰다가 잠깐 눈을 붙이고, 가족들의 생계를 위하여 꼭 필요한 생활비를 벌기 위해 다시 일하러 나가곤 했다면 아마도 그가 가진 지적 능력이 점점 쇠퇴했을 것이다. 그리하여 출판업자들이나 작가 자신이 보기에도 작가로서 재능이 아예 없다고 확신하는 지경으로 전락했을 것이다.

"나 자신을 생각할 겨를이 없어요."

"나 자신을 돌보다니 그건 생각도 못 할 일이에요."

이런 안일한 말이나 비슷한 생각을 피력하는 다른 여러 표현도 늘 자기 생각뿐인 사람들의 입에서 나오는 경우가 허다하다. 당연히 이런 사람들은 현실에 눈이 어두우니 이기심 없이 자신을 돌보는 것, 그리고 오직 이기심에서 자신을 돌보는 것이 근본적으로 다르다는 진실을 알지 못한다. 이기심 없이 자신을 돌보는 사람은 그것이 목적이 아닌 수단이지만, 이기심에서 자신을 돌보는 사람은 다른 목적을 염두에 두고 있지 않다.

좋은 일을 잘 해내려면 반드시 건강하게 자신을 돌봐야 한다. 건강하지 못한 방식은 몸과 마음을 야금야금 갉아먹는다.

우리가 몸을 돌보는 것은 바이올리니스트가 자기 악기를 돌보는 것과 같다. 바이올리니스트가 생각하는 것은 음악이며, 바이올린은 그것을 실현하는 수단이다. 그러므로 자기 악기가 음악을 잘 표현하도록 조심스럽게 다룬다. 우리도 건강한 몸이 발휘할 수 있는 능력을 생각해야 한다. 그래서 몸을 위해 신선한 공기를 실컷 마시고, 운동과 휴식을 잊지 말고, 몸이 필요로 하는 양질의 영양분을 충분히 섭취하며, 해로운 환경에 노출되지 않도록 몸을 보호해야 한다. 실수로, 혹은 다른 어떤 이유로 우리 몸이 정상적인 상태를 벗어나면 어떻게 해야 할까. 자신이 느끼는 불편을 계속 생각하지 말고, 정상적인 상태로 되돌리기 위한 시도를 곧바로 시작해야 한다.

손을 항상 깨끗하게 유지하는 것처럼 이런 관리 역시 당연히 해야 하는 일로 배운다면, 그 능력을 키우는 동안 잠시 우리 몸을 많이 의식해야 하는 것은 사실이다. 그러나 곧 일부러 의식하지 않고도 일상적으로 몸을 돌보는 기분 좋은 결과가 찾아온다. 칼라일이 말하길, 우리는 건강을 잃기 전에는 몸을 전혀 의식하지 않는다고 하니 참으로 옳은 말이다. 우리 몸을 건강하게 유지하는 습관은 결국 신체의 자유로 이어진다.

어린 시절 이후로 느껴본 적이 거의 없는 그런 자유이다. 같은 방식으로 우리의 정신도 건전한 기운으로 돌봐야 한다. 사고력은 순조롭게 작용하도록 단련해야 한다. 그리고 생각의 전환이 적절하게 이루어져서, 한 가지 작업에서 다른 작업으로 신속하게 옮겨가는 법을 연마해야 한다. 또 강도 높은 정신노동을 하고 나서 곧장 잠을 청하지 않도록 조심해야 한다. 먼저 운동이나 놀이 등 완전히 다른 방향으로 주의를 돌려서 머리를 상쾌하게 식혀야 한다.

우리 몸을 보호하듯 우리 정신이 너무 피곤하지 않도록 보호해야 한다. 그리고 어떤 일이 생기든, 어떤 다급한 과제가 생기든 곧바

로 작동할 수 있도록 차분하게 준비된 상태를 유지하는 법을 익혀
야 한다.

어느 한 부분의 건강은
다른 모든 부분에 크게 좌우된다

● 도덕적인 면에서 자신을 돌보는 것 또한 몸과 정신을 돌보는
것과 같은 선상에 있다. 그리고 이 두 가지를 돌보는 데 도움을 주
는 매우 중요한 요인이기도 하다. 짜증을 내지 않고, 남을 배려할 줄
알고, 친절한 마음과 활달한 자세를 길러야 한다.

우리의 몸이든 정신이든 어느 한 부분의 건강은 다른 모든 부분
에 크게 좌우된다는 것은 이미 잘 알려진 바이다. 하우얼스가 발표
한 소설 가운데, 한밤중에 먹는 차가운 민스파이 한 조각 때문에 정
신적·도덕적·육체적으로 쇠락의 길을 걷는 한 남자의 이야기를
담은 작품이 있다. 이 남자가 단계적으로 내리막길을 걷게 되는 변
화는 너무나 자연스러운 과정이다. 몸을 위해 꼭 지켜야 하는 단순
한 법칙을 경솔하게 어기고, 그것이 근본 원인이 되어 만성으로 소
화불량에 시달리다 보면 얼마나 짜증이 늘고 주위 사람들에게 불친

절해지겠는가.

위장의 기능에 문제가 생기면 소화를 시키느라 위장은 평소 자기 몫보다 더 많은 에너지를 끌어다 써야 한다. 그러므로 불가피하게 뇌가 사용할 에너지를 빼앗는다. 건강한 상태였다면 정신노동에 투입되었을 에너지가 위장으로 쏠려서 소화에 사용된다. 반대로 정신적 압박감이 심하거나 건강하지 못한 방식으로 정신을 집중하면 몸의 다른 곳에서 적절하게 사용되어야 할 에너지를 뇌가 허비한다. 게다가 혈액 순환에도 악영향을 미치니, 우리 몸의 정상적인 균형 상태가 깨어질 수밖에 없다.

도덕적으로 나쁜 행동이 우리 몸과 정신을 망치는 길이 되는 것은 너무 잘 알고 있다. 그러니 깊이 생각할 필요도 없다. 누가 봐도 알 만큼 두드러지는 사례도 있다. 하지만 알아차리기 힘들 정도로 가벼운 사례에서도 그것은 부정할 수 없는 진실이다. 어쩌면 작은 잘못일수록 사람을 더 심하게 망가뜨린다고 해도 틀린 말이 아니다. 작은 잘못은 그 영향이 미미해서 잘못이라고 인식하기 어려우니, 완전히 뿌리 뽑기도 더 어렵다.

현명하게 자신을 돌보려면 정신적·도덕적·육체적으로 법과 질서의 흐름을 거스르지 않고 같은 방향으로 나아가기만 하면 된다. 일단 이런 삶의 방식이 정착되고, 우리가 가진 힘이 그 흐름에 맞도록 조정되면 그제야 우리는 자신을 잊을 수 있다. 그러니 그 이전에는 곤란하다. 법과 질서의 흐름을 찾아서 그 흐름에 편승하려면 자신의 건강을 넘어 다른 어떤 목적을 염두에 두고 노력하지 않으면 안 된다. 자기 자신을 위하는 것 외에 다른 인생의 목표가 없는 사람은 육체적·정신적·도덕적으로 문제가 생길 여지가 있기 때문이다. 아무리 자신을 잘 돌봐도 제대로 된 목표가 없으면 아무 소용 없다. 도리어 해로울 수 있다. 제대로 된 목표는 그 자체로 유용할 뿐 아니라, 성취를 향한 열망을 불어넣을 수 있어야 한다. 그리고 우리가 더욱 유용한 사람이 되고, 더욱 많은 것을 성취하도록 이끄는 힘도 있어야 한다.

한 사람의 육체적·정신적·도덕적 측면은 상호의존적이다. 이 세 가지 측면을 최선을 다해 모두 돌본다고 해도 문제가 생길 수 있다. 남을 이롭게 하는 유용한 삶이라는 확고한 목적 아래, 이 세 가지가 하나로 융합되지 않으면 기운을 얻기보다 점점 더 약해진다.

자기중심적으로 자신을 돌보는 것은
인생을 앗아간다

● 심지어 취미도 유용한 목적 없이 계속한다면 의미가 퇴색하여 자신을 탕진하는 결과만 낳는다. 이기적인 목적만으로 어떤 취미에 흥미를 느끼는 사람은 처음에는 그 취미 외에는 아무것도 눈에 안 들어온다. 그리고 나중에는 자기 생각에 그 취미와 무관하다 싶으면 모든 것에 등을 돌린다. 이런 삶의 방식은 정신적인 위축을 불러오고, 그 영향이 그 사람 전체에 미친다.

국가의 수입과 수출이 적절히 균형을 이루어야 그 나라가 부강해진다. 이처럼 한 사람이 주는 것은 그가 받는 것과 밀접한 관련이 있어야 하는 법이다. 피상적인 관점을 벗어나서 조금만 더 깊게 들어가 보면 실제로는 개인의 경우에 더 분명한 법칙이라고 할 수 있다. 남에게 주는 법을 모르는 사람은 인생을 살 수 없다. 신발가게 주인이 신발을 만들어서 벽장에 차곡차곡 쌓아놓기만 하면 먹고살 돈을 벌 수 없는 것과 같다.

물론 오로지 자신만을 위해 사는 사람, 뭔가를 남에게 준다는 생각이 없을 뿐 아니라 주기 싫어하는 마음이 확고부동한 사람도 자기 나름대로 행복하게 잘 사는 듯 보인다. 적어도 드러나는 외양만

보자면 말이다. 그러나 그들이 누리는 편안함과 건강은 한시적인 조건에 좌우된다. 그러므로 그들의 인격을 시험하는 심각한 상황이 생기면 표면적인 행복은 순식간에 사라지고 만다.

누구든지 몸과 마음의 병이나 극심한 스트레스를 경험한 이후에, 나와 남을 위해 유용한 일을 하고 나서 기운이 생긴다는 사실을 깨달았다면 그 사람은 행복하다. 그래서 자신을 합리적으로 돌보는 것이 얼마나 유용한지, 왜 꼭 필요한지 알았다면 그 사람은 역시 행복하다.

무슨 일이 있어도 손은 항상 깨끗해야 한다고 누군가를 설득하려 하면 그 사람은 이렇게 대답할 것이다.

"그래요. 그건 인정해요. 그런데 나는 특별히 내 손을 생각해본 적이 없는데, 손을 깨끗하게 유지하려면 계속 손을 의식해야 하잖아요."

이타적으로 이기적인 사람이나, 이기적으로 이타적인 사람에게 '자신을 올바르게 돌보는 것은 남에게 더욱 유용한 존재가 된다'는 뜻이라고 이해시키는 건 세상에서 가장 어려운 일이다. 앞서 손이 더러운 남자의 대답이 맞는 말이다. 그 사람이 손을 깨끗하게 유지하려면 손을 지금보다 더 의식해야 한다. 그러나 그 남자가 미처 알지 못한 것은 손을 깨끗하게 하는 습관이 몸에 배고 난 뒤에는, 손이 더러울 때만 손을 의식한다는 사실이다. 그리고 이런 순간이 와도 물과 비누만 있으면 곧바로 손을 의식하지 않는 상태로 돌아간다는 것이다.

이기적으로 이타적인 사람이 자신을 돌보는 걸 중요하게 여기지 않는 태도는 차라리 바람직하다. 자기중심적인 마음으로 자신을 돌보는 것은 대단히 위험하기 때문이다. 정말 건전하게 자신을 돌보는 법을 알지 못한다면 아예 돌보지 않는 편이 낫다.

자신을 건전하게 돌봐야 한다는 필요성을 깨달으면 전적으로 자기중심적인 이유에서 자신을 돌보는 것이 해롭다는 것을 차츰 인식한다. 그리고 이타적인 것의 기준이 더 명확하고 뚜렷해진다. 자기중심적으로 자신을 돌보는 것은 인생을 앗아간다. 공감하는 능력이 닫히고, 남을 위한 유용한 일이 불쾌하게 느껴진다. 반면, 남들에게 유용한 사람이 되고자 자신을 돌보면 공감 능력이 활짝 열린다. 그리고 더욱 유용하게 활용할 수 있는 힘이 갈수록 커진다.

건강을 위한 법칙들을 심도 있게 공부할 필요는 없다. 그저 우리가 아는 대로 따르기만 하자. 잘 따르다 보면 더 많은 법칙을 더 깊이 알게 되고, 언젠가 올바르게 자신을 돌보는 것과 그릇되게 돌보는 것을 구별하기가 너무나 쉬워진다. 하나는 우리 힘을 키워주고, 다른 하나는 우리 힘을 앗아간다는 생생한 지혜가 생기는 것이다.

POWER THROUGH REPOSE

XVIII

타인과의 관계

● ● ●

• • •

감수성이 예민한 사람이 상처를 가장 많이 받을 수밖에 없다.
가족들은 그 예민한 감수성을 유감스러워하고,
본인마저 그런 자신의 성향을 나쁜 것으로 여기고 개탄한다.
그들이 가진 감수성이 얼마나 커다란 선물인지 알지 못하는 것이
안타까울 뿐이다.

● 마음 편히 일하려면 타인과의 관계가 평탄해야 한다는 말에 이의를 제기할 사람은 없다. 누군가에게는 조용하고 행복한 인간관계를 만드는 것 자체가 일이 되기도 한다. 건강을 위해 지켜야할 법칙이 있고, 신경을 정상적으로 유지하기 위해 지켜야 할 법칙이 있고, 남들에게 정직하고 친절하게 행동하기 위한 법칙도 있다. 그러나 우리와 자연적으로 관계를 맺고 있는 사람들, 어린아이이건 노인이건 상관없이 그들과 더불어 일하고 함께 노는 것을 진심으로 좋아하는 마음이 없다면, 앞서 언급한 모든 법칙에 순응한다고 해도 맹목적인 복종에 불과하다. 이것은 우리를 건강하고 활기찬 인생으로 이끌어주지도 못한다.

예술이 그러하듯이, 인생도 무슨 일을 하건 사랑이 바탕에 있어야 한다. 그렇지 않으면 아무 힘이 없다. 겉보기에 그럴싸한 일도 사랑의 반짝임이 없으면 속 빈 강정이다. 침체는 평화가 아니다. 주변에 있는 이들과 행복한 관계를 맺지 못하면 인생이 없는 것과 같다.

그러니 평화로운 삶이라고 말할 수 없다.

이웃을 우리 자신처럼 사랑하라는 법칙이 어떤 힘을 가졌는지 깨달음이 깊을수록, 일상에서 이 법칙을 따르는 행동이 많을수록 어떻게 될까. 다른 사람을 기분 좋게 하는 변함없는 친절이 빠르게 몸에 배고, 조만간 똑같은 친절이 보답으로 돌아온다. 이런 우호적인 관계는 서로 다투며 느끼는 건강하지 못한 자극보다 훨씬 깊은 맛이 있다. 그 참맛을 알게 된 이는 '모름지기 친구 사이는 조금씩 다툼이 있어야 사귀는 맛이 있다'는 믿음이 틀렸다는 것을 곧 깨닫는다.

모든 이들이 자기 본연의 모습으로 살도록 하며, 자신의 구원을 위해 자기 방식대로 노력하는 것, 그것이 바로 이웃을 너 자신처럼 사랑하라는 법칙에서 비롯된 첫 번째 실천 사항인 듯하다. 다른 사람의 방식이 틀렸다고, 혹은 무지하다고 배척하는 이기적인 자세를 버리면 그들이 우리에게 도움을 청할 때 더 나은 길을 찾아가도록 얼마든지 도울 수 있다. 모든 인간관계에서 가장 스트레스를 많이 받는 상황은 강요하고 강요당할 때이다.

모든 위대한 법칙은 단순하다

● 우리는 식물이 자라는 것을 기꺼이 기다릴 뿐 느리게 자란다고 불평하거나, 식물이 자연의 법칙과 정반대로 가도록 비정상적인 방법을 동원하지 않는다. 만약 우리가 인간의 본성과 관련된 법칙들에 더 주의를 기울였다면 자식이나 친척이나 친구의 노력을 ─ 혹은 노력하지 않는 것을 ─ 공격하는 일은 없을 것이다. 또 우리에게 맞는 길이 그들에게도 맞는 길이라고 굳게 믿어서 그들에게 그 길을 강요하여 성장에 방해가 되는 일도 없을 것이다.

"너 좋으라고 그런다"면서 자기 생각을 타인에게 강요하고 이기적으로 들볶아대면서 그 사람을 '도우려고' 애를 쓰는 경우가 있는가 하면, 아예 혼자 버려두는 철저하게 무심하고 이기적인 경우도 있다. 어느 쪽이 더 나쁜지, 어느 쪽이 더 해로운지 판단하기는 어렵다. 전자는 무의식적인 위선이고, 후자는 이기적인 무관심이다. 언제든 도울 준비가 되어 있는 애정 어린 마음으로 상대방을 혼자 놔두는 것, 그것이 타인과의 관계에서 기운을 허비하지 않고 평화를 누리는 길이다.

모든 위대한 법칙은 단순한 형태로 뜻을 명료하게 전달한다. 자유롭고 건강하게 타인과 관계를 맺는다는 게 어떤 것인지 알고 싶다면 어머니와 아기의 관계보다 더 좋은 예는 없다. 출발부터 더없이 충만한 이 관계는 서로 호혜적인 건강한 관계가 무엇인지 잘 보여준다. 어머니가 합리적이고 건강한 방식으로 아기를 보살피면 아기는 자유롭게, 자기만의 인생의 법칙에 따라 발달할 수 있다. 그것은 명백한 진실이자 누가 봐도 정말 흐뭇한 광경이다.

하이디는 아직 돌이 안 된 아기인데, 하루 중 혼자 있는 시간이 제법 길다. 아무도 이런저런 놀이를 억지로 시키지 않는다. 그래서 하이디는 자기 방식대로 혼자 노는 습관이 길러졌다. 그러다가 사람을 보면 너무나 귀여운 옹알이로 반갑게 인사한다. 그 사람이 걸음을 멈추고 말이라도 걸면 방긋 웃는 얼굴로 올려다본다. 마치 "안녕! 나는 지금 아주 행복해요!"라고 대답이라도 하듯이 말이다.

걸음을 멈추고 하이디에게 말을 건 그 사람은 하이디를 보며 미소를 짓는다. 그리고 하이디의 미소를 보면서 하이디처럼 '아주 행복한' 5분을 보낼 수 있다. 잠시 하이디를 안아 올리기라도 하면, 하이디는 가만히 그 사람을 바라본다. 그러다가 곧이어 나무나, 방에 있는 다른 뭔가로 시선을 돌렸다가 다시 자기 손을 들여다보기도 한다.

혹시 안고 있는 사람이 '아', 혹은 '우' 등의 소리를 내면 하이디도 모음으로 대답한다. 이렇게 시작된 대화는 이따금 '꺄르륵' 하는 웃음소리가 곁들여지며 이어진다. 그리고 안고 있던 사람이 하이디에게 가볍게 키스하고 도로 내려놓으면, 하이디는 아주 만족스러운 상태로 작별 인사를 한다. "고마워요. 나중에 또 와요"라는 분위기는 마치 하이디가 직접 말로 한 것처럼 상대방에게 선명하게 전해진다. 하이디를 내려놓고 자리를 뜨는 그 사람은 가장 친한 친구와 매우 행복한 시간을 보낸 듯한 기분을 느낀다.

하이디는 쓸데없는 참견에 방해받지 않는다. 그러면서 최상의 보살핌을 받는다. 하이디가 울면 무엇이 문제인지 찾으려고 온갖 수단이 동원된다. 문제가 해결되면 하이디도 울음을 뚝 그친다. 참으로 사랑스러운 어린 친구는 그렇게 주고, 받고, 자란다.

페기도 하이디와 같은 또래이다. 페기는 공연히 안거나 어루만지는 손길에 익숙한 아기이다. 하루에 백 번쯤 받는 키스는 다정함과 애정이 담겼다고 오인하지만, 실은 애착의 과격한 표현이다. 페기는 위와 아래로 둥둥 흔들어주거나, 빙그르르 돌려주는 사람이 많다.

페기의 주변 사람들은 모두 스스로 페기와 아주 가까운 사이라고 믿고 있다. 만약 누군가 페기를 그들로부터 떼어놓는다면 크게 상심할 거라고 믿는다. 그들은 페기에게 말을 걸기는 하는데, 페기와 서로 대화하지는 않는다. 그들은 페기에게 '예쁜 짓'을 시키고 그

모습에 감탄하며 웃는다. 그들은 페기의 조그만 뇌가 아직 준비되지 않았는데도, 자꾸만 이런저런 단어를 발음해보라고 시킨다.

페기는 깨어있는 시간은 줄곧 '사랑 어린' 소음에 둘러싸여 있다. 페기도 하이디처럼 좋은 친구가 될 수 있는 아기이지만, 상황이 이것을 허락하지 않는다. 페기의 가족은 페기를 사랑한다는 본인들의 감정에만 푹 빠져있다. 페기를 사랑하는 게 아니라 페기를 통해 자신을 사랑하는 것이다. 페기가 자기 자신으로 있을 기회를 잠시도 허락하지 않으니 말이다. 가여운 페기는 잠을 안 자고 울어대고 평소에도 상태가 조금씩 안 좋아져서 짜증을 내기 일쑤이다.

의사를 불러보기도 하지만, 모두 왜 페기가 자꾸 아픈지 이유를 몰라 의아해하고 페기를 걱정한다. 그러나 페기를 안고 만지고 요란하게 애착을 표현하는 것은 멈추지 않는다. 이 두 아기가 이렇게 서로 다른 것은 유전과 기질의 차이에서 비롯되는 부분도 분명 있을 것이다. 그렇지만 현명한 부모와 어리석은 부모라는 차이점이 대단히 크게 작용한 것은 사실이다.

'친구를 갖고 싶으면
네가 친구가 되어주어라'

◉ 하이디가 늘 행복하고 온순한 아기이며, 즉각적으로 반응하는 총명함이 있는 것은 하이디의 엄마가 하이디에게 진정한 친구가 되어주기 때문이다. 이런 태도는 좀 더 나이든 아이들에게서도 같은 반응을 끌어낸다. 서로 주고받는 우정은 아이가 자랄수록 더욱 돈독해지고, 아이와 어른 모두에게 갈수록 큰 즐거움을 준다. 아이가 자유롭게 개성을 발휘하도록 해주면 그 아이는 자신이 가진 최상의 것을 보여줄 수 있다.

혹시 아이가 잘못된 길로 접어들 것 같으면 이성적으로 인도하여 올바른 길을 가도록 도와야 한다. 이렇게 도울 때는 아이가 그것을 우정 어린 조언으로 받아들일 수 있는 방식이어야 한다. 그러면 아이는 그 우정이 진실하다고 느낄 것이다. 친구인 우리가 아이와 같은 법칙을 따르기 때문이다. 물론 이 모든 느낌이 무의식적으로 자기보다 나이 많은 친구의 마음 상태가 전달되어서 생겨나는 것이다.

남편과 두 아이 모두 같은 방에서 지내는 가난한 어느 여인이 뭔가를 새롭게 깨닫고 이렇게 말한 적이 있다.

"이제 알겠어요. 내가 고함을 많이 칠수록 아이들도 고함을 많이 질러요. 앞으로는 고함을 치지 말아야겠어요."

고함을 치는 데는 여러 단계가 있다. 아무 소리를 내지 않고 고함을 치는 경우도 많은데 아이들은 그것을 느낀다. 별의별 소리로 고함을 치는 것은 아이에게나 우리에게나 괴롭긴 마찬가지다.

아기나 아직 어린아이에게 유독 잘 들어맞는 말이 있다.

'친구를 갖고 싶으면 네가 친구가 되어주어라.'

아이가 예의 있게 행동하고 상냥하기를 바란다면 우리가 아이에게 예의를 지키고 상냥하게 대해야 한다. 겉으로만 그러는 것이 아니라, 생생하게 살아있는 관심을 담아 진심으로 대해야 한다. 얄팍한 관심에 불과한 가식은 아이들이 금방 알아차린다.

그러므로 우리는 진실로, 마음 깊은 속에서 우러나서 그 아이가 우리와 같은 나이인 것처럼, 우리가 그 아이와 같은 나이인 것처럼 대해야 한다. 앞뒤가 안 맞는 말로 들리지만, 실은 하나가 다른 하나의 필수조건이다. 아이가 우리 또래인 것처럼 대하기만 한다면 아이는 애어른처럼 굴게 된다.

우리가 아이와 같은 또래인 것처럼 대하기만 한다면, 아이에게 필요한 성숙한 영향력이 없어지는 셈이다. 그러니 곧 균형이 깨어지는 것을 우리도 느끼고, 아이도 느낀다. 그러나 진심으로 내가 아이가 되고 아이가 어른이 되는 것처럼, 우리가 서로 나이를 주고받는 것처럼 생각하며 아이를 대하면 접점을 발견할 수 있고, 서로에게 소중한 친구가 될 수 있다.

이렇게 서로를 이해하는 것이 진정한 우정의 기초이다. 나이, 마음가짐, 성격, 형편을 떠나서 있는 그대로 이해하면 모자람이 없는 온전한 관계가 된다. 진정한 우정은 우리가 가진 장점이 상대의 장점으로, 상대가 가진 장점이 우리의 장점으로 서로 호환되는 관계를 지향한다. 그것이 나이가 많고 적고를 떠나서 서로에게 힘이 되는 평화롭고 행복한 인간관계의 기반이다.

우리 동년배와 친해지는 것은 아이들과 친해지는 일보다 훨씬 어렵다. 상대방이 먼저 조언을 구하지 않는데 우리가 마음대로 인도할 권리는 없지만, 우리가 전혀 좋아하지 않는 방식으로 우리를 이끌어가길 원하는 상대를 자주 만난다.

새로운 견해가 필요하다고 먼저 청하지 않는 한, 다른 사람의 견해를 바꿀 권리는 없다. 하지만 우리가 요청하건 말건 개의치 않고 우리 견해를 바꾸려고 고집을 부리는 사람들도 많다. 이런 사람들을 보면서 불평하는 우리는 분명히 이기적인 반항심을 느끼는 것이다. 그것을 인정하고, 그것으로부터 자유로워지면 서로 공감할 수 있다.

다른 사람을 섣불리 바꾸려 들지 않고, 있는 그대로 바라보자. 그러면서 우리 자신을 건전하게 가꾸다 보면 언젠가 그 사람과 좋은 친구 사이가 된다. 만약 이럴 가능성이 처음부터 없는 사이라면 그저 있는 그대로 내버려 두는 사이로 계속 살아야 한다. 아무리 고집 세고 힘든 성격의 소유자라도 그 사람을 있는 그대로 인정하고 간섭하려 들지 않으면 한집에서 평화롭게 지내는 것이 가능하다. 만약 그 사람을 있는 그대로 내버려 두는 마음에 애정이 깔려 있지 않다면 평화는 겉으로만 유지되는 것이다. 그러므로 조만간 분란이 생기거나, 최악의 경우 서로를 용서하지 못하고 오직 이기심만 굳어지는 상황이 될 수밖에 없다.

우리가 남들에게 끼치는 영향을 결정짓는 첫 번째 요인은 우리가 어떤 사람인가이다. 우리가 어떤 생각을 하고, 무슨 말을 하는가는 부수적인 요인에 불과하다. 아기와 어린아이들에게 미치는 영향이 그렇고, 나이 든 친구들에게 미치는 영향도 마찬가지다. 뭔가 그릇된 면이 있어 보이는 사람도, 어떤 면으로 무지해 보이는 사람도 우리가 배울 점이 있다고 진심으로 생각하면 그 사람에게서 우리를 이롭게 하는 장점을 찾을 수 있다. 그 사람이 받을 준비가 되어 있기만 한다면 우리도 무엇이든 줄 수 있다.

감수성이 예민한 사람이
상처를 가장 많이 받는다

● 서로 쓸데없이 맞서는 것이 버릇처럼 되어 있는 가족은 고요하게 평안을 누리는 것이 얼마나 어려운지! 한 가족의 구성원들이 화목한 분위기로 같이 잘 어울려 사는 것처럼 보여도 속으로 힘든 걸 참느라 몸이 지치고 얼굴이 핼쑥한 경우가 많다. 아니면 각자 이기심에 푹 빠져 살기도 한다. 가끔은 겉으로 보기에도 전혀 화목하지 않은 집도 있다. 서로 시도 때도 없이 맞서고, 사소한 일에도 의견이 엇갈린다. 전부 서로에 대한 공감이 부족하고 분별력이 모자란 탓이다.

감수성이 예민한 사람이 상처를 가장 많이 받을 수밖에 없다. 가족들은 그 예민한 감수성을 유감스러워하고 본인마저 그런 자신의 성향을 나쁜 것으로 여기고 개탄한다. 그들이 가진 감수성이 얼마나 커다란 선물인지 알지 못하는 것이 안타까울 뿐이다. 그 진가를 알기 위해서는 진짜건 상상이건 모멸감을 지나치게 생생하게 느끼는 데 감수성을 사용할 게 아니라, 남들의 장점을 발견하고 느끼는 방향으로 예민한 감수성을 발휘해야 한다.

이 감수성으로 우리가 가진 공감 능력의 폭을 넓히고, 다른 사람의 잘못을 충분히 이해할 수 있어야 한다. 그래서 그들을 비판하거나 비난하는 게 아니라 가능하다면 더 나은 선택을 제시할 수 있어야 한다. 그것이 예민한 감수성이라는 섬세한 능력을 제대로 인식하고 활용하는 유일한 길이다.

자기밖에 모르는 예민한 감수성은 축복이 저주로 탈바꿈한 것이다. 우리가 바깥으로 감수성을 발휘하여 우리 친구들에게 도덕적 자유가 필요하다는 사실을 더욱 예민하게 깨달을수록 우리 자신의 도덕적 자유에도 가까워지는 법이다.

'네 이웃을 너 자신처럼 사랑하라'는 법칙의 예시가 되지 않는 인간관계란 존재하지 않는다. 특히 평범한 사회생활 가운데 주인과 손님 사이처럼 상대적으로 형식적인 관계에서 그 법칙이 잘 지켜지지 않는 경우를 가만히 보면 이 법칙이 지니는 가치가 명백하게 드러난다. 또 형식적인 관계라도 이 법칙을 잘 따를 때 행복감을 주고받을 수 있다는 사실로도 가치가 입증된다.

한 여성이 이런 말을 한 적이 있다.

"내 침실에 들어가서 방에 있는 편의용품을 전부 기록한 다음, 손님방에 가서 그곳에도 똑같이 잘 갖춰져 있는지 둘러본답니다."

손님이 나에게 어떠하기를 바란다면 내가 손님에게 그런 주인이 되어야 하는데, 그녀는 성공한 셈이다. 물론 손님의 취향이 반드시 그녀와 같을 필요는 없다. 다만 그녀는 손님의 취향이 무엇인지 알아낼 줄 알고, 그것을 충족시키는 법도 안다는 게 중요하다.

모든 올바른 방식은
이기심을 극복해야 가능하다

● 이웃을 나 자신처럼 사랑하는 것을 어려워하는 까닭이 자신을 사랑하는 법을 몰라서인 사람도 제법 있다. 우리는 이기적이거나 어리석거나 자신을 향해 공격적이거나 옳고 바른 일을 하려고 너무 애쓴다. 우리보다 높은 곳에 존재하는 힘에 대한 경외심을 품고, 확신에 차서 그 힘을 믿어야 한다.

크고 작은 일에서 남들을 지나치게 배려하는 것은 억압이 되고, 아예 배려가 없는 것과 다름없이 평화를 위협한다. 그것은 아기에게 지나친 관심을 주는 경우와 비슷하다. 똑같이 이기적인 애착에서 비롯된다. 또, 사심 없는 사람처럼 보이고 싶은 욕심이 추가적인 동기로 작용하곤 한다.

인생의 다양한 관계에서 올바른 방식과 그릇된 방식을 보여주는 사례들을 꼽자면 여러 페이지를 할애해야 할 것이다. 그러나 그 모든 올바른 방식은 이기심을 극복해야 가능하다고 보여주는 사례들일 것이다. 이기심을 극복하자면 자신의 권리를 존중하듯, 이웃의 권리를 존중해야 한다. 그리고 우리가 그런 친구를 좋아하듯이 맑고 고요한 기운을 갖도록 자신을 다듬어야 한다.

남들이 우리에게 다정하고 친절하기를 바라듯이, 우리도 남들에게 친절하게 대하는 데 걸림돌이 되는 것은 무엇이든 피해야 한다. 나와 내 친구는 하나라는 것을 알아야 한다. 또 서로를 이롭게 하는 사이가 아니라면 진정한 관계가 아니라는 사실도 잊지 말아야 한다. 그러나 무엇보다 이기심을 극복하는 것은 그로 인해 더욱 성장할 자신을 기대하면서 매일 인내심을 갖고 노력해야 하는 과정임을 기억해야 한다. 그래야 그 놀라운 힘을 제대로 인식할 수 있다는 것을 명심해야 한다.

우리가 어떤 한 사람 - 그가 아기이건, 어린애이건, 성인이건 - 에게 진정한 친구라면 모두에게 진정한 친구가 될 수 있다. 우리가 모두에게 진정한 친구라면 그 한 사람, 한 사람에게 진정한 친구가 될 수 있다. 이 원칙에서 마음의 평화를 얻고 이기적인 태도에서 벗어나면 진실로 우리 몫의 인연인 이들은 자연스레 우리 곁으로 이끌리고, 우리는 또 그들 곁으로 이끌린다.

우리는 각자 자신이 타인과 어떤 관계인지 이해해야 한다. 먼 관계이든 가까운 관계이든. 고요한 그 인식이 바탕이 되어야 이기심에 가려져서 모호하기만 하던 인간관계의 법칙이 비로소 명료해지기 때문이다.

POWER THROUGH REPOSE

XIX

의지를 올바르게
사용하는 방법

● ● ●

• • •

개인적인 욕망이 이끄는 방향으로만 사용하면
의지력은 비정상적으로 단련된다.
비정상적으로 단련된 의지력이 성격에 미치는 부정적인 영향은
근육의 비정상적 발달이 몸 전체를 약하게 할 때보다 더 심각하다.
언제나 꿋꿋하게 자기 방식을 고수하는 사람이
막상 자기 뜻이 좌절될 때 전혀 다른 사람처럼
나약해지는 때도 있듯이 말이다.

● 근육을 단련하는 것처럼 의지도 평범한 과정을 꾸준히 반복하면 조금씩 단련할 수 있다는 것을 아는 사람은 그리 많지 않다. 의지를 단련할 때도 매일 규칙적으로 훈련해야 한다. 그리고 근육을 단련하는 속도만큼이나 효과가 느리게 나타난다는 것도 널리 알려져 있지 않다. 아마도 우리는 프뢰벨이 제시한 개인의 초기 교육에 관한 법칙, 즉 '외적인 것에서부터 내적인 것으로', 아는 것에서부터 모르는 것으로 이끌어야 한다고 말하는 그 법칙을 무의식적으로 마치 달리기를 하듯이 따라가고 있는지도 모른다.

근육을 단련하는 방법이 완벽해지려면 가야 할 길이 멀어서 아직은 의지를 체계적으로 훈련할 필요성까지는 인식하지 못하고 있다. 그렇지만 이런 훈련의 필요성을 인지하고 그에 따라 훈련을 이미 했던 사람들은 각자 자기 몫을 다한다. 인류가 자신의 의지를 슬기롭게 사용하는 것이 일반화되는 시기를 앞당기는 데 말이다.

근육을 비정상적으로 훈련하여 발달시키면 온몸의 시스템이 더 강해지는 게 아니라 오히려 약해진다. 근력이 아주 강하면 겉으로 드러나 보이는 힘이 우리 눈을 기만하기 쉽다. 강해 보이는 외양이 내부에서 일어나는 쇠퇴의 과정을 감쪽같이 숨기고 있을지도 모르는 일이다. 그래서인지 운동선수가 심장병이나 폐결핵으로 사망하는 경우는 그리 드물지 않다.

겉으로 보기에 매우 강한 의지력이 우리를 속이는 방식도 이것과 유사하다. 의지력을 오로지 개인적인 욕망이 이끄는 방향으로만 사용하면 의지력은 비정상적으로 단련된다. 비정상적으로 단련된 의지력이 성격에 미치는 부정적인 영향은 근육의 비정상적 발달이 몸 전체를 약하게 할 때보다 더 심각하다. 언제나 꿋꿋하게 자기 방식을 고수하는 사람이 막상 자기 뜻이 좌절될 때 전혀 다른 사람처럼 나약해지는 때도 있듯이 말이다.

이루고자 하는 바를 향한 의지력이 남달리 강한 사람은 자신의 이런 나약함을 재빨리 감지한다. 그리고 이것이 자신이 하려는 일에 방해가 되겠다 싶으면, 겉으로 드러나지 않도록 잘 감추기 때문에 일반 사람들에겐 잘 보이지 않는다. 그런데도 나약함은 분명 그 사람 안에 있어서, 그가 얻을 것이 아무것도 없다고 생각되는 사람 앞에서는 확연하게 드러나기도 한다.

의지도 신체처럼
'시련이 아니라 훈련'이 필요하다

● 의지가 최상의 힘을 발휘하도록 훈련한다는 것은 순종할 수 있도록 훈련한다는 의미다. 순종의 대상은 특정한 사람이나 임의의 아이디어가 아니라, 태양과 행성들이 정해진 궤도를 이탈하지 않게 하는 자연의 섭리처럼 우리 삶에서 진정한 힘을 발휘하는 불변의 법칙들이다. 누구나 조금만 진지하게 고민해보면 불변의 법칙 두세 개 정도는 확실하게 떠오를 것이다. 우리가 이미 알고 있는 법칙들에 순종하면 더 많은 법칙을 발견한다.

진정으로 순종하려면 행동해야 할 때뿐 아니라, 뜻을 굽혀야 할 때도 의지력을 사용해야 한다. 뜻을 굽히는 일이 거듭될 때 가장 강인한 의지력이 길러진다. 자기 뜻을 완전히 굽히는 것은 강인한 의지력으로 할 수 있는 가장 어려운 일이다. 왜냐하면 가장 어려운 일을 해낼 때 가장 큰 힘을 얻을 수 있기 때문이다.

간단한 예를 들어보자. 아주 의지력이 강한 어린 소년이 말을 더듬는 문제를 겪고 있다. 매번 말을 더듬을 때마다 소년은 자기 자신에게 무척 화가 난다. 그래서 말을 할 때 더듬지 않으려고 자기 자신을 몰아세우고 억압한다. 그러면서 갖은 애를 다 쓰다 보니, 결과적으로 그것 때문에 말을 더 심하게 더듬게 된다.

만약 이 소년에게 뭔가 활동적이면서 고통이 따르는 어떤 일을 주면서, 말을 더듬지 않게 될 때까지 계속하라고 시키면 어떨까. 소년은 말 더듬는 버릇을 가능한 한 빨리 고치기 위해 이를 악물고, 마치 의연한 군인처럼 주어진 일을 해낼 것이다. 그러나 소년에게 자신을 너무 몰아세우지 말고 몸을 이완시켜야 말의 흐름을 방해하는 저항이 사라진다고 말하면, 소년은 어린 머리에서 나올 수 있는 근거를 모두 짜내어 반박할 것이다.

소년에게 왜 그런지 자세하게 설명해주면 그제야 소년도 그것이 말을 술술 할 수 있는 유일한 길이라는 것을 이해한다. 그렇지만 저항하는 데 의지력을 사용하는 습성은 너무나 강력한 유전적인 경향이다. 그러므로 처음에는 다른 방향으로 의지력을 사용한다는 게 소년에게는 아예 불가능한 일처럼 느껴진다.

뜻을 굽힐 때 의지력이 가장 큰 힘을 얻게 된다는 말은 터무니없는 역설로 들린다. 그러니 우리가 이것을 깨닫는 데 오래 걸리는 것도 이상한 일이 아니다. 실제로 이것을 깨닫는 유일한 길은 연습뿐이다.

말을 더듬는 소년의 사례는 저항을 그만두는 것이 필요한 여러 비슷한 사례들을 이해하는 데도 도움이 된다.

의지력이 많이 필요한 순간이라도 행동하기 전에 먼저 의지력 때문에 생긴 저항을 모두 내려놓아야 할 때가 많다. 그래야 최소한의 노력으로 최선의 결과를 얻는다.

억지로 뭔가를 거부하느라고, 혹은 억누르느라고 의지력을 사용하면 신경과 근육이 혹사당한다. 이런 식으로 몸을 혹사하며 애를 쓰면 결국 근육과 신경은 물론이고 의지력 자체도 약해진다. 불필요하게 애를 쓰거나 억압하지 않고, 근육과 신경을 유용한 일에 동원하는 것이 우리 의지력을 정상적으로 사용하는 것이다. 의지도 신체처럼 '시련이 아니라 훈련'이 필요하고, 그것이 의지가 강해지는 유일한 길이다.

스트레스가 계속되면
기질성 질환이 생기는 건 시간문제

● 분노가 겉으로 드러나지 않게 통제할 수 있는 사람이 있으면 세상 사람들은 그의 대단한 의지력에 감탄한다. 그러나 유일하게 거짓이 아닌 대단한 의지력은 분노 그 자체를 통제하는 힘이다. 우리는 너무 오랫동안 겉모습에 치중하며 살아왔다. 그랬기에, 그것

이 허약하고 단 한 톨의 진정한 가치도 없다는 것을 명백하게 깨닫기까지 과정이 아주 느릴 수밖에 없다.

우리의 의지가 겉모습에 치중하는 삶이 아니라, 진실한 삶에 투입되도록 훈련하려면 어떻게 해야 할까. 자신을 나약하게 만드는 요인들을 찾아내어, 의지력으로 그것을 조금씩 제거해 나가는 법을 익혀야 한다. 외부로 드러나는 부분만 제거하는 것은 효과가 오래 가지 못한다. 그리고 겉으로 강해진 듯 보여도 갈수록 나약해지는 내면을 감추고 있을 뿐이다.

한번 상상해보자. 예를 들어, 감성적이고 흥분을 잘하는 성향인 한 여성이 질투에 시달리고 있다. 그녀는 그것을 질투라고 부르지 않고, '신경이 예민해졌다'고 한다. 의사는 그것을 '히스테리'라고 부른다. 그녀는 질투심이 도질 때마다 '신경이 예민해져서' 혹은 '히스테리'가 심해져서 고초를 겪는다.

이런 감정적인 스트레스가 계속되면 혈액 순환은 물론이고, 다른 신체 기능에도 악영향을 끼친다. 그래서 기질성 질환을 불러오는 것은 시간문제이다. 워낙 남에게 찬사를 듣기 좋아하는 데다가, 이런 이기적인 욕망에서 발생한 의지력도 강해서 그녀는 의연하게 버티는 모습을 보일 수 있다. 덕분에 그녀가 원하던 대로 사람들의 칭찬이 자자하다. 그것이 바라던 바였으니 훌륭한 인품을 유지하려고 더욱 의연한 모습을 보이는 것은 그다지 어렵지 않다. 그럴수록 사람들은 더욱 그녀를 칭송한다.

그릇된 방향으로 작용하는 강한 의지도 시간이 흐르면 올바른 방향을 지향하는 의지 못지않게 강해진다. 문제가 시작되는 건 의지력이 결핍되어서가 아니다. 의지력을 현명하게 사용하는 길을 분간할 수 있는 진정한 인식이 부족한 탓이다.

간혹 아무 의지도 없어 보이는 사람이 그릇된 방향으로만 강한 의지를 발휘하는 때가 있다. 이런 잘못된 관행이 오래 계속되면 나약함이 정말로 그의 본질이 되고 만다.

아무리 겉을 포장해도 질투심이라는 저속한 감정에 사로잡혀 신경에 이상까지 겪기 시작한 여성이 진실을 깨달을 기회를 얻으면 어떻게 될까. 대부분 여성이 기꺼이 올바른 방향으로 의지력을 사용하겠다고 마음먹는다. 그리고 그녀의 친구들이 믿고 있는 대로 실제로도 아름다운 인품의 소유자가 된다.

이렇게 장담할 수 있는 이유는 이런 도덕적·신경적 문제는 타고난 본성이 훌륭한 사람이 겪는 경우가 많기 때문이다. 그러나 이런 문제를 계속 놓아두면 그 사람의 의지력은 늘 극적인 효과가 가미된다. 그래서 외적으로 강인해 보이지만 현실을 맞닥뜨리는 순간 어이없이 무너지고 만다.

신경이 병약한 사람은 말할 것도 없다. 특별한 질병이 없는 사람이라도 도덕적 자유를 얻는 데 꼭 필요한 방향이 아니라 엉뚱한 방향으로 의지력을 마구 쓰다 보면 그 대가를 치르느라 몸이 계속 약해진다. 흔히 말하는 극기심으로 온갖 고난을 억지로 참거나, 고통받는 진짜 이유는 두 눈을 꽉 감고 외면한 채 그 고통과 맞서 싸우면서 강인한 겉모습 뒤에 갈수록 나약해지는 자신의 본모습을 감추기 때문이다.

이처럼 터무니없이 의지력을 오용하는 사례는 흔하다. 스스로 자기 몫이라고 정해버린 자기희생의 길을 남에게 과시하듯이 맹렬하게 걸어가는 남자나 여자에게서 자주 찾아볼 수 있다. 이런 사람들은 나서지 말아야 자신의 삶이 더 나아질 뿐 아니라, 남들도 행복하고 편안해지는 자리가 있다는 사실을 철저하게 간과한다.

강인한 의지력이
'히스테리', '신경쇠약' 등으로 변질할 수 있다

● 이상한 일이지만, 이런 나약함은 아주 똑똑해 보이는 사람들에게 흔하다. 현재 전문적으로 일하는 분야에서 두드러지게 강한

사람들이 삶의 나머지 영역에서 그만큼 나약한 경우가 많다는 것도 신기하다. 군인이나 막강한 힘을 가진 정치인 가운데 인생을 살면서 지키는 원칙, 그리고 실행하는 모든 행동이 워즈워스의 시 '행복한 전사의 성격(Character of the Happy Warrior)'의 내용과 부합되는 사람은 찾아보기 어렵다.

아무 이익도 없는 자기희생이 어리석은 짓이긴 하다. 그래도 질투에 시달리는 여성이 이기적인 이유에서 보여주는 강인함이나, 이기적인 목적만을 위해 기운차게 일하는 남성이 보여주는 강인함처럼 심각하게 균형이 무너진 것은 아니다. 누구보다 현명하게 의지력을 사용하는 능력을 기르려면 어떻게 해야 할까. 자신이 원하는 것만 추구하는 자세를 버리는 것이 유일한 길이다.

'신경이 과민한' 여성들은 강인한 의지가 왜곡되는 경우를 보여준다. 그러기에 더없이 효과적인 사례이다. 자기 몸이 상해서 병이 날 만큼 열심히 일하는 여성들이 있다. 그러다가 자기 뜻대로 일이 풀리지 않으면 힘이 쭉 빠져서 시들시들해진다. 혹시 자신이 바라는 이런 중요한 역할을 맡아서 만찬이라도 열어야 한다면 시들시들하던 모습은 어느새 온데간데없고, 무슨 일이든 거뜬히 해낼 수 있을 것 같은 기분이 된다.

이런 여성은 자기 마음에 흡족하게 일이 진행되지 않으면 몸이 약해지고 병이 난다. 스스로 생각하는 이상적인 자기 모습이 친구들 사이에서 뛰어나 보이고 남들에게 칭찬도 충분히 들으면, 자신이 가진 힘보다 훨씬 큰 힘을 들여야 하는 일에도 무턱대고 뛰어든다. 그래서 머잖아 심신의 상태가 허물어진다. 하지만 또 다른 헛된 근거를 붙잡고 다시 우뚝 일어서곤 한다.

강인한 의지력이 이렇게 잘못된 방식으로 변질한 것을 흔히 '히스테리', '신경쇠약', '신경 퇴행' 등으로 지칭한다. 이 세 가지 중 하나이거나, 세 가지 모두가 섞여서 나타날 수 있다. 하지만 언제나 이런저런 이기심에서 원인을 찾을 수 있다. 그 이기심을 극복하기 위해 의지력을 단련하면, 히스테리는 치료된다. 쇠약한 신경은 더 건강해지고, 퇴행의 과정은 재생의 과정으로 돌아선다.

배탈이 난 아이가 사탕을 더 달라고 울어대는 통에 '히스테리' 치료를 받았고, '퇴행'의 연구 대상이 되었다는 이야기는 별로 놀랍지도 않다. 분명히 퇴행 증상을 보이긴 하지만, 사탕을 먹는 게 몸에 나쁠 때는 순순히 포기할 줄 아는 법을 배우면 퇴행에서 벗어난다.

사소한 것에 대한 탐닉이라도 꾸준히 반복하면 의지력에 돌이킬 수 없는 손상을 입을 수 있다. 누구나 작은 약점은 자기 자신이 제일 잘 안다. 그런 약점보다 의지력을 더욱 심하게 손상하는 것은 그것에 대한 변명이다.

"그건 내 기질이에요. 만약에 내가 시간을 잘 지키면/짜증을 잘 안 내면/정리정돈을 잘하면(뭐가 되었든) 그건 내가 아닌 거죠."

기질은 우리가 부리는 하인이 되어야지, 상전이 되어서는 안 된다. 부모로부터 물려받은 나쁜 기질이라 할지라도 좋은 쪽으로 훈련할 수 있다는 사실. 이것을 깨우치고 그렇게 훈련하면 개성을 상실하는 것이 아니라 더 많은 것을 얻는다. '기질'을 운운하는 변명은 자기 뜻을 굽히지 않는 이유로도 종종 활용된다. 한 집안의 기운을 갉아먹는 어떤 기질을 두고, '집안 전통'이라고 자랑스레 말하는 모습을 자주 본다. 그렇게나 자랑스러워하는 기질을 잘못 사용해서, 조만간 가족들이 나약해진다는 기정사실은 미처 보지 못하는 법이다.

만약 우리가 작은 일에서 상황에 따라 의지가 수동적이어야 할 때는 수동적으로, 의지가 적극적이어야 할 때는 적극적으로 작용하도록 훈련한다면 어떤 큰일이 닥쳐도 감당할 준비가 된 것이다. 매일 가벼운 운동으로 근육을 단련해야 나중에 엄청난 무게를 들어 올릴 준비가 되는 것과 같은 이치이다.

자신의 의지를 영리하게 사용할 수 있는 것이
인성의 근본이다

● 진정한 힘의 발달을 지배하는 법칙을 따르지 않으면서 힘을 기른답시고 사소한 노력이든, 대단한 노력이든 기울이며 그 힘이 길러지기를 바란다면 어리석기 짝이 없는 일이다. 우리는 질서와 무질서를, 조화와 부조화를 구별할 수 있는 지적 능력이 있다.

이 능력은 사용할수록 더욱 섬세해지고 강해진다. 또, 무질서를 거부하고 질서를 선택해야만 사용할 수 있다. 통찰력이 성장하면 우리의 선택도 따라서 현명해진다. 우리가 현명하게 선택하면 통찰력이 따라서 성장한다.

하지만 우리의 통찰력은 결과가 아니라, 원인을 바라볼 수 있어야 한다. 단, 원인을 파악하는 데 결과가 길잡이가 될 때는 예외이다. 무엇보다 우리는 자신의 의지가 유용한 일에 쓰이는 도구가 되도록 훈련해야 한다. 오로지 자기 자신만을 위해 더 나은 사람이 되는 것은 불가능하다.

의지를 올바르게 사용하는 법을 어릴 때 배울 수 있다면 정말 행복한 일이다. 그러나 그렇게 배울 기회가 없었던 사람들도 있으며, 그들이 우리 아버지나 어머니일 수도 있다. 그러므로 우리의 성장이 더디더라도 만족해야 한다. 우리는 걸음마를 배우는 아기와 같다.

아기는 하루, 또 하루 계속 걸음마를 시도하지만 그것 때문에 스트레스를 받거나 하는 일은 없다. 아기가 절망적인 기분으로 아침에 일어나서 이렇게 한탄하는 일은 없을 것이다.

"아! 오늘도 걷는 연습을 해야 하는구나. 언제쯤 배우는 게 끝날까?"

아기는 그저 열심히 한다. 몇 번이고 넘어지고, 또 일어서고 하다가 어느 날에는 마침내 걸을 줄 알게 된다. 일부러 생각하지 않아도 자연스럽게 걸음이 걸어진다. 우리가 의지를 단련할 때도 똑같다. 인내심을 가지고 매일 노력해야 한다. 혹시 넘어지면 툭툭 털고 일어나서 다시 나아가야 한다. 균형의 법칙이 아기를 이끌었듯이, 삶의 법칙이 우리를 이끌어 줄 것이다.

걸음마에 성공해도 아기는 새로 얻은 능력에 의기양양 해하지 않는다. 다만 조용히, 자연스럽게 자신의 목적을 이루기 위해 그 능력을 사용한다. 자신의 의지를 사용하는 능력이 나아졌다고 의기양양 해하거나 자부심이 생긴다면 어떻게 될까. 더 이상의 성장이 어려워질 뿐 아니라, 곧바로 약해진다는 것을 절대로 잊지 말아야 한다.

자신의 의지를 조용하고 영리하게 사용하는 것이 모든 인성의 근본이다. 이기적이지 않고 균형이 잘 잡힌 성격, 그리고 그 성격으로부터 발달한 통찰력은 신경의 균형이 잘 잡히도록 우리를 인도할 것이다.

POWER THROUGH REPOSE

Summary
요약

● ● ●

● 전체 내용을 간략하게 정리하자면 이렇다. 신경은 외부의 자극을 안으로 받아들이고, 내부의 명령을 밖으로 표현하기 위한 매개체이다. 밖에서 안으로, 안에서 밖으로 정보를 전달하는 통로인 신경은 에머슨이 말하는 '평탄하고 텅 빈 튜브'처럼 자유로이 열려 있어야 한다. 그래야 안으로 전달할 때는 명료하고, 밖으로 표현할 때는 강력하다.

자연이 부여한 신경의 명료한 전달 능력에 문제가 생기는 것은 신체적인 이유만 보자면 불필요한 피로와 긴장 때문이다. 쉬어야 할 때 온전히 쉬지 않고, 일할 때 꼭 필요한 힘만 쓰지 않고 과도하게 힘을 사용하면서 평형과 효율을 유지하도록 하는 자연의 섭리를 거스르기 때문이다. 무엇보다 강력한 이 법칙들을 거스르는 행동은 앞서 말한 것만 있는 게 아니다. 영양분을 섭취하는 데 소홀하고, 바깥에서 하는 일상적인 운동을 필요한 만큼 하지 않으니, 이런 평형이 이루어지기가 불가능한 것이다.

몸에 필요한 적당한 영양분, 바깥에서 하는 운동이 주는 자극, 완벽한 휴식, 인체가 활동할 때 진정한 힘의 효율 등에서 무엇 하나라도 부족하면 신경은 열려 있는 통로가 되지 못한다.

신체 훈련은 개인적으로 문제가 되는 부분을 꾸준히 바로잡는 과정이다. 이런 과정을 통해 신경계는 자연스러운 상태를 회복한다. 근육은 자연이 부여한 능력대로 환상적인 조화를 이루면서, 의지가 명령하는 대로 잘 따르며 작동하는 것이 목표이다.

신체와 마찬가지로 정신을 사용할 때도 반드시 평형이 이루어져야 한다. 휴식할 때는 완전하게 휴식해야 한다. 또 일할 때는 힘의 균형을 지켜야 한다. 여기서 휴식이란 잠을 자는 것처럼 수동적인 휴식뿐만이 아니다. 놀이와 오락까지 포함하는 포괄적인 개념이다. 힘의 효율은 정상적인 집중을 통해 얻을 수 있다. 집중이란 이전 정보를 깨끗하게 지우고, 현재 주어진 주제에 몰입하는 것이다. 그러려면 근육, 신경, 마음에서 방해가 되는 생각이나 노력은 모두 내려놓을 수 있어야 한다. 감각기관은 이전 정보를 깨끗이 지우는 능력으로 신경이 자유롭게 열려 있도록 해야 한다.

삶에서 건강한 방식이
무엇인지 알고 따라야 한다

● 가장 중요한 것, 지금까지 말한 모든 훈련 과정을 관통하는 핵심은 '의지의 사용'이다. 정신도 몸도 의지의 하인이다. 그러므로 의지로부터 명령을 받는다. 옳은 명령이든, 아니든 의지도 자연의 섭리에 따라 명령을 내린다. 의지의 사용에서 조심해야 할 부분은 이렇다. 힘이 효율적으로 사용되지 못하거나, 힘의 방향이 잘못되어 근육을 오용하는 것이다.

질병이나 고통을 치료하면서 필요 이상으로 그것을 곱씹어가며 생각하는 것은 현명하지 못하다. 신경계를 괴롭히는 길이며, 거짓된 감정, 짜증, 기타 신경을 괴롭히는 여러 나쁜 요인들에 사로잡히게 된다.

이것을 개선하려면 평범한 신체 훈련을 통해 가능한 한 평화로운 상태에 들도록 한다. 그리고 삶의 모든 면에서 건강한 방식이 무엇인지 인식하여 그대로 따른다. 또, 우리를 지배하는 삶의 위대한 법칙에 순응함으로써, 더욱 충실하게 그 법칙을 깨달아야 한다. 기술자가 건설한 다리가 굳건하게 서 있으려면 역학의 법칙을 잘 따라야 하는 것처럼, 음악가가 훌륭한 음악을 작곡하려면 화음의 법칙을 잘 따라야 하는 것처럼, 화가가 자신의 그림이 자연을 조명하길 바란다면 원근과 색채에 관한 법칙을 잘 따라야 하는 것처럼 말이다.

우리가 살아가면서 하는 일은, 그것이 과학에 관계된 일이건, 예술이건, 혹은 단순히 일상적으로 하는 일이건 신체라는 똑같은 길을 통해 힘이 전달된다. 그러므로 어떤 목적으로 힘이 작용하든, 가장 단순한 행동에서부터 과학적으로 혹은 예술적으로 최고의 성취에 이르기까지 외부로부터 받아들이고 외부로 표현하기 위한 매개체가 자유로워야 한다는 사실은 변함없다.

힘은 질적으로는 엄청난 차이를 보인다. 결과는 천지 차이다. 그러나 외부에서 내부로, 내부에서 외부로 정보와 명령이 전달되는 과정을 지배하는 법칙은 같다. 삶과 그것을 지배하는 법칙은 완벽하게 하나로 어우러지니 절대로 별개일 수 없다. 〈끝〉

우연과 인연 사이에서 만난
'휴식의 철학'

● 몇 해 전인가 느닷없이 잠을 '잃어버렸다'. 잠을 자려고 누우면 정신은 말똥말똥, 이리 누워도 불편하고 저리 누워도 불편하고, 어떻게 잠드는 건지 그 방법이 생각나지 않아서 애를 먹었다.

아주 어릴 때부터, 대개 아침 일찍 일어나서 부모의 늦잠을 방해해야 정상인 아이 시절에도 나는 유난히 잠이 많았다. 언제든 누우면 잠들 수 있었고, 종일 밥을 굶어가며 잠만 자본 적도 있었다. 그 잠이 또 어찌나 깊은지 옆에서 전쟁이 나도 모를 거라는 핀잔 섞인 말도 자주 들었다. 그런 내가 잠을 잃어버리다니.

잃어버린 게 있으니 도로 찾아야 할 텐데, 도대체 잠은 어디서 찾아야 하는지 몰라서 이곳저곳 기웃거렸다. 쉽게 수면제를 처방받을 수도 있겠지만, 그건 내키지 않았다. 그래서 잠이 잘 오게 해준다는 차를 마셔보았다. 때로는 인중이나 미간에 바르는 '슬리핑 밤'도

사서 발라보고, 울타리를 뛰어넘는 양도 수천 마리를 세어보았다.

그러다가 어디선가 몸에 힘을 빼서 잠드는 법을 주워들었다. 방법은 너무 간단했다. 머리부터 발끝까지 한 군데씩 힘을 빼는 것이다. 잘게 쪼갤수록 더 좋다. 먼저 이마에 힘을 빼고, 눈꺼풀에 힘을 빼고, 코에 힘을 빼고, 볼에 힘을 빼고……

이런 식으로 발끝까지 내려갔다가 다시 거슬러 올라온다. 실제로 내가 힘을 뺄 수 없는 부분이라도 그냥 힘을 뺀다고 생각하면 왠지 굳어있다가 풀리는 느낌이 들기도 했다. 그러면서 미간, 어깨, 그리고 여기저기 나도 모르게 괜히 힘이 들어가 있는 부분이 많다는 걸 알게 되었다. 그렇게 조금씩 힘을 풀어가다 보면 놀랍게도 언제 잠들었는지 모르게 잠들었다.

며칠 전 '미군이 2분 만에 꿀잠 드는 비법'이라는 기사를 보고 얼마나 신기했는지 모른다. 예전에 내가 어디서 주워들었는지 기억나지도 않는 '믿거나 말거나' 하는 수면법이 어디선가 정식으로 교육하고, 그 효과도 입증된 방법이었다니 말이다. 게다가 그 근본 원리는 누가 봐도 100년 전에 나온 애니 페이슨 콜 여사의 『휴식의 철학(Power through repose)』에 들어있는 그대로이다. 그러니 내가 이 책을 번역한 것이 우연인지, 인연인지 참으로 기분이 묘했다.

'의식의 흐름' 창시자, 윌리엄 제임스가 극찬한 책!

● '의식의 흐름'이라는 용어를 최초로 사용했고, 근대 심리학의 창시자로 일컬어지는 윌리엄 제임스는 『휴식의 철학(Power through repose)』을 두고, 미국의 남녀 학생과 교사들이 모두 손에 들고 있어야 하는 책이라고 극찬했다.

2000년대 들어 이루어진 여러 연구에서도 콜 여사가 강조하는 몸의 이완, 이기심을 버리고 남을 위하는 활동, 야외에서 하는 운동 등이 실제로 우울증과 공황장애 등에 긍정적인 효과를 미친다는 결과가 보고되기도 했다.

현실에 적용할 가치가 이 정도로 충분하다면 그저 이론과 한 사람의 주장에서 끝나고 세월에 묻히기에는 너무 아까운 일이 아닌가. 오래된 도자기라고 전부 보물은 아니지만, 그중에는 대대손손 물려주어야 할 만큼 어마어마한 가치를 지닌 것도 있다. 오래전에 나온 이론이라도 현대를 사는 지금의 우리가 새롭게 꺼내서 들여다보고 그 가치를 찾아낼 수 있다면 시대를 넘어 길이길이 보존되어야 하는 진리이다.

우리의 현실이 우울하고 불안하다고 그저 우울해하고, 불안해하다가 우울증이며 공황장애며 각종 질병으로 굳어지고 마는 슬픈 절차를 밟아가지 않으려면 콜 여사의 조언에 귀 기울여야 한다.

그래서 우리 몸에서 쓸데없이 긴장하고 있는 곳은 없는지, 한정된 생체 에너지를 꼭 써야 할 곳에 쓰지 못하고 낭비하는 곳은 없는지 한 번쯤 찬찬히 살펴보는 기회가 되기를 바란다. 그것이 마음의 병으로 고생하는 세대인 우리가 살아남는 길일지도 모른다. 몸을 바로잡으면 마음의 병도 멀어지는 법이니.

2018년 11월
김지은

누구나 작은 약점은 자기 자신이 제일 잘 안다.
그런 약점보다 의지력을 더욱 심하게 손상하는 것은
그것에 대한 변명이다.

- 애니 페이슨 콜(Annie Payson Call)

휴식의 철학
Power through repose

초 판 1쇄 인쇄 | 2018년 11월 22일
초 판 1쇄 발행 | 2018년 12월 4일

지은이 | 애니 페이슨 콜(Annie Payson Call) • 옮긴이 | 김지은
펴낸이 | 조선우 • 펴낸곳 | 책읽는귀족

등록 | 2012년 2월 17일 제396-2012-000041호
주소 | 경기도 고양시 일산서구 대산로 123, 현대프라자 342호(주엽동, K일산비즈니스센터)

전화 | 031-944-6907 • 팩스 | 031-944-6908
홈페이지 | www.noblewithbooks.com
E-mail | idea444@naver.com

출판 기획 | 조선우 • 책임 편집 | 조선우
표지 & 본문 디자인 | twoesdesign

값 16,000원
ISBN 978-89-97863-94-5 (03190)

이 도서의 국립중앙도서관 출판예정도서목록(CIP)은
서지정보유통지원시스템 홈페이지(http://seoji.nl.go.kr)와
국가자료공동목록시스템(http://www.nl.go.kr/kolisnet)에서
이용하실 수 있습니다.
(CIP제어번호: CIP2018035465)